JN298722

学級崩壊

荒れる子どもは何を求めているのか

吉益敏文
山崎隆夫
花城詩《うた》
齋藤修
篠崎純子

高文研

学級崩壊が深刻な問題として語られ始めたのは一九九〇年代のことでした。

学級崩壊に関する本も次つぎ出版されました。『脱「学級崩壊」宣言』『学級崩壊に学ぶ』『授業崩壊』『なぜ学級は崩壊するのか』『学級崩壊をどう防ぐか』……。

それから一〇年余、今、この問題がマスコミ等に取り上げられることはほとんどありません。問題がなくなったからでしょうか。

そうではありません。学級崩壊はますます深刻な問題として、現場の先生たちの上にのしかかっています。授業が成立しない、子どもたちから投げつけられる暴言・悪罵に苦しんで心身を病む、そのため、途中退職を余儀なくされる人もいます。

この本は、実際の教育現場で子どもたちの荒れに直面した先生たちの実体験（実践）をもとに、

■いったいなぜ学級崩壊などということが起きるのか――。

■そのとき、教師はどうしたらいいのか――。

■さらに、子どもたちがそこまで荒れるのはなぜなのか――。

若い先生たちの座談会と二つの実践レポート・その分析の三部構成で問題に迫ったものです。

もくじ

Ⅰ 【座談会】若い教師たちが直面した子どもの荒れ

Ⅱ 【手記と分析】ベテラン教師が遭遇した試練

本文写真――――――――石井　幸雄
装丁・商業デザインセンター――増田　絵里

I

【座談会】

若い教師たちが直面した子どもの荒れ

出席者

※津山　陽子／公立小学校非常勤講師
※沢木　波子／公立小学校教諭・教職四年目
※今井　千尋／公立小学校教諭・教職三年目
※原田みどり／公立小学校教諭・教職二年目

〔オブザーバー参加〕
※別所慶太郎／公立小学校教諭・教職四年目
※林　圭吾／公立小学校教諭・教職二年目

〔助言〕
※真咲　倫子／公立小学校教諭・教職三八年目

（出席者は全員仮名です）

1 成り立たない授業・子どもたちの反発

編集部 今日は三学期の忙しい中、お集まりいただきありがとうございます。今、全国には学級崩壊で苦しんでいる先生たちがたくさんいることから、改めてその実態を聞かせていただきながら、学級崩壊が起きる背景などに迫っていただこうと、関東地方の生活指導サークルの先生方七名にお集まりいただきました。

学級崩壊については、ベテランの先生もそうですが、中でも若い先生、とりわけ初めて教壇に立たれた新採の先生の中に大変つらい思いをされている方が少なからずいるのではないかと思います。

この第I部では、特にその若い先生が直面した事態、そして苦しい思いも合わせて率直に実情を聞かせていただけたらと思います。まず最初、療休代替として授業が成立しないクラスに入られたという津山先生から口火を切っていただけますでしょうか。

※療休代替で一〇年ぶりの学校

津山陽子　私は、若い先生ではなく、教師としての経験はごくわずかで、二〇年くらい前に二年、一〇年前に一年やったきりで、ずっと家庭の主婦でした。子どもも大きくなって学費もかかるようになったので、そろそろ勤めなくてはと思い、事務所に登録していたら、連休明け、電話がかかってきて、四年生の担任（女性）の先生が体調を崩して学校に来られなくなったので、療休代替で来てほしいと言われました。この学校は以前一年間勤めたことがあり、思い切って、行ってみることにしました。

ですから、私自身、授業のやり方も手探りで、久しぶりの現場で、今まで経験したことのない子どもたちの行動に、ただただ驚き、とまどい、試行錯誤の毎日だったということで、それを崩壊状態というかどうかはわかりません。教科は理科と図工で、あとは、その四年生のクラスの担任補佐をしてほしいということでした。

まず最初の二日間、様子を見てくださいと言われ、教室に入ったのですが、先生が「では、始めます」と言っても、子どもたちは立ち歩いたり、ずっとおしゃべりを続けている。

学校の周りは山で、比較的自然に恵まれた環境なんですが、一つ、異様な感じがしたのは、朝会の時、みんなきちんと並んでいる中で、「名札を付けてない子は立ちなさい」という場面があったことです。それと黄色い帽子をかぶって登下校することになっているのですが、その帽子をかぶってない子も調べている。全員座っている中で、守れてない子を立たせるなんて、私が長い間、家庭にいたせいかもしれませんが、今どき、こんな学校があるのかな？　という思いでした。

それと、朝行っても誰も遊んでないんですよ。以前は子どもたちは朝、学校に来ると、教室にポンとかばんを置いて外で遊んでいたんです。ところが八時二〇分にチャイムが鳴るんですが、子どもたちはその時間通りに来て、そのまま教室でドリルなどをやっている。そういうことが、アレッという感じでしたね。

❇授業が始まらない

津山　それで、さっそく授業が始まったのですが、私が教室に行っても座って聞いてくれないんです。「今日はこれこれこういうことをやります」と説明しようとするんですが、耳にふたをしているようで、聞く耳を持たない感じです。号令もかからないので、仕方なく日直欄に書いてあった名前を見て、

「○○さん、号令お願いします」と言ったら、

「エッ！　オレが？」

とビックリした感じで、授業を始めようという様子が全くありませんでした。

でもみんなが座ろうが座るまいが、何とかしなきゃいけない、と思い、まずは楽しい授業をして、子どもたち自身で考えたり、何かやったりする中で何とかなるかもしれないと、一生懸命、教材研究をしました。サークルに行って、他の人の実践を聞いたり、子どもたちが自分たちでやっていこうという気になればいいかなと思い、理科班みたいなのをつくって、班長たちには、「今日はこういう実験をするから、最初みんなの前に出て来て、こんなふうに言ってね」と頼み、実験材料もすぐできるように用意して理科室で待っていたんです。

ところが子どもたちは理科室に入って来るやいなや、班ごとにきれいに分けて準備していた実験道具を我先に手に取っていじってグチャグチャにしてしまいました。私の声が届かないケースを予想して、実験手順をＯＨＣにセットし、ピントも合わせておいたんですが、それをのぞきこんだり、角度を曲げてしまったり……。大勢集まってきて、コンセントも抜けてしまう。珍しいもの目がけてワーッと集まって押し合いみたいになって、もう収拾がつかない。私は前に立って呆然と眺めているしかないという状態でした。

それでも気を取り直して、班長たちには一人ひとりメモを書いて持たせていたので、話すよう頼んだら、

「お前たち、聞けよ」とか、

「うるせえよ、お前たち、しゃべるな」

とか一言ずつ言ってくれて、何とか実験は始まりました。

電気回路の学習で、豆電球のフィラメントを取り出してつないでみるという実験です。班で一生懸命やっているところもありましたが、後ろの方で遊んでいる子、友だちとおもしろ半分に全く違う実験をしている子、手順を無視して、無理な取り出し方をしている子……。

時間内に終わらず、担任の先生が心配して理科室に電話をかけてきました。事情を説明すると、その先生は、

「落ち着いて。やるべきことをしっかりやって。時間は大丈夫ですから、ちゃんと終わってから帰してください」

と、一言ひと言ゆっくり言ってくださって、私は気持ちを落ち着けることができました。

❇教室に行くのが恐い

津山　その授業があったあと、私はそのクラスに行くのが怖くなってしまいました。考えるのは、どこまで準備したら、あの子たちはちゃんとやってくれるんだろう。準備してもそんな具合になる。でも何もやらなければもっとひどくなるので、必死に準備する。夜は理科のサークルに行って、他の先生がやっていることを聞いたり、こんなふうにやってみたらというアドバイスをもらいました。

生活指導サークルでもゲームを習って、授業のはじめにゲームをして楽しい気持ちになったらスムーズに授業に入れるかなと思って、ゲームをしたんです。ところがそのゲームで、もうケンカになってしまう。

「オメエのせいで負けた」

「こんなゲームやるか！」

と言って出て行ってしまう子とか、ゲームで必要なことが自分たちでできないんですね。誕生日の早い順に並ぶという簡単な遊びなんですが、まず誕生日をお互いに聞き出すことができない。

「おれは○月○日。おまえは？　紙に書け」

とかやっている。それでもやっている班はまだいいんですが、ほかのことをしゃべっていて集まらない班もあるし、五分でゲームは終わらせて授業に入りたいと思っているのにゲームが終了しないんです。

それやこれやしているうちに、六月に入ると、大変なクラスに入って補助をしてくれるという先生が来てくれるようになりました。年配のベテランの先生で、その先生が私の授業にも入ってくれて、

「ちゃんと聞きなさい。先生がこうこうこう言ってるよ」

と、注意してくれたり、私がうまく言えないことを代わりに言ってくれたり。私はその先生が

来てくれるのがとても心強くて、何回も救われました。

それでも苦渋は続いて、授業は進まないし、子どもたちは一学期にやらなければいけないものが終わらない。実験も出来ないから、何も身につけてあげることができなくて、それが苦しかったです。前の学年で理解していなければならないことも知らないことが多くて、

「先生、わかんない」

「何、これ？　意味わかんない」

普通は、テストなら静かに問題に向かうはずなのに、テストでもうるさくなりました。

「先生、教えてくれなかったじゃん」とか、

「ここ、なんて書くの？」

「おい、おまえの見せろよ」

などと大声で叫ぶ。テストでもこうかと、がっくりしました。

※「聞いてください！」

津山　実際、こんな授業では子どもたちの学びになっているはずがない。子どもたちが知的な興味を持って取り組む授業を一度もできないことに、私は自分が情けなく、子どもたちに申し訳ないというか、子どもたち自身、このままではどんどん自信を失っていくと思い、思い切って訴

えをしました。

はじめから私の声は耳に入らないと思ったので、紙に「聞いてください」と大きな字で書いて、それを見せながら、

「みんなに言いたいことがあるので、聞いてください」

と言いました。このままの状態だとせっかく持っているみんなのいいところや、これからもどんどん学んでいけることが出来なくなってしまう。それはみんなにとってもとても残念なことだから何とかしたいんだと訴えました。

その時も支援の先生がいてくれて助かったのですが、子どもたちは少しの間、静かに聞いてくれました。「なんでえ」とか、「べつにいいじゃん、先生」とか、そういうやりとりをする中で、ある男の子がこう言ったんです。

「オレらなんか、どうでもいいじゃん」

私は一瞬ビックリして、

「そんなことないよ。先生、みんなのこと好きだし」

思わずそう言ったんですね。そしたら、「エッ!」という感じで、次の瞬間、みんながドッと笑ったんです。私は、何で笑うのか理解出来なくて、一瞬、「私、変なこと言ったのかな」「好きだと言ったことを、変な男女間のことのようにとらえたのかな」と思ったり、何日も考えて、やっと

の思いで言ったのだけれど、そんなふうに笑われたことがとてもショックでした。

私が「うっ」と詰まっているのを見て、支援の先生が、

「津山先生はね、みんながしっかり理科の力をつけてほしいと思っていろいろ教材を準備したり、努力されているのよ」

と言葉を添えてくれ、その場は救われました。

一時が万事そんな状態で、物珍しい教材で少し集中する日もあるのですが、それも長続きしません。植物の観察で、外に出ると、すぐにすべり台や鉄棒で遊び始めて集合さえ出来ない。とにかく、どうしたらいいかわからない。グチャグチャになるのが怖くて必死にあちこちかけずり回って準備はするけれど、なかなかうまくいかない。

でも私自身よく考えてみると、子どもたちに対して「好きだよ」とは言ったものの、心底信頼してないんだな、というのは自分でもわかるんです。また、聞いてくれないのではないかと思っているから、授業に行くのが怖い。二時間目、あのクラスの理科だと思うと、朝から心臓がドキドキしているし、チャイムが鳴ると心臓がバクバクして、廊下を歩きながら手が震えている。みんなの前に立ってしゃべり出す声も震えていますよね。それを多分、子どもたちはよくわかっていたと思うんです。

❇お楽しみ会の笑顔

津山　一方、そのクラスの担任になった先生（男性）は、何かトラブルが起きるとていねいに聞いてあげて、時には真剣に訴え、時には怒って、ねばり強く一日一日やっていました。音楽の好きな優しい先生で、読書タイムには子どもたちを図書室に連れて行ったり、いっしょにギターで歌を歌ったり、そんなことをしながら、放課後になると「ああ、疲れたー」とため息をついている。それはそうですよね。何と言葉を返したらいいか、わかりませんでした。

でもその先生が一学期の後半だと思いますが、子どもたちと外でドッジボールをしているのを見たんです。もしかしたら前からやっていたのかも知れませんが、私はそういう光景を初めて見たので、先生が子どもと遊ぶことができるような関係ができたんだな、と思ってうれしかったことを覚えています。

そして私自身も少しですが、何人かの子どもとつながりができたので、

「毎日怒られてばかりいて嫌だよね、何か楽しいことやろうよ」

って声をかけてみました。

「やりたい、やりたい」と言うので、

「じゃ、みんなに聞いてみよう」

I　【座談会】若い教師たちが直面した子どもの荒れ

ということになりました。担任の先生に話すと、

「ぼくも同じようなことを考えていたんです」

とおっしゃって、学期の終わりにお楽しみ会をすることになったんです。

当日は子どもたちがお店を作って、手作り品を並べたり、ゲームコーナーや得意技コーナーなど盛りだくさん。私はサークルで教えてもらった風船のくす玉をいっしょに作りました。一つ一つに文字を書いて子どもたちが割っていく。パンパンパーンと、子どもたちの笑顔を見て、久しぶりに心があたたかくなりました。

✻一人ひとりはいい子なのになぜ？

津山　図工の授業も大変でした。つまらないとすぐ立ち歩いて遊び始めてしまうので、見本をいくつも作ったり、作業が遅れないで進むように一人ずつのキットを作ったりしました。

製作は個人差が大きいので、飽きて遊びだす子どものために工作コーナーを別に用意して、好きなものを作れるようにしたりしました。夜も、土・日も、いつも子どもたちとの授業のことが頭の中にありました。それでも、当日の授業は、途中からぐちゃぐちゃになったりしました。散らかった図工室を片付けながら、今度は何をすればいいんだろう？とボーッと考えていました。

でも、二学期、三学期と少しずつ落ち着いてきて、子どもたちの真剣な姿や、発想のすばらし

さに気づかされることが多くなりました。ほかの学年の先生も、この子たちによく声をかけてくれていて、担任の先生の粘り強い指導が少しずつ子どもたちに浸透していくように見えました。

私自身は、今でも授業のことを考えると、胸が苦しい感じになります。「怖い」という気持ちはまだなくなりません。でも一人ひとりの子は、とても明るく、優しく、一生懸命で、けなげで、なぜあんなふうになったりするのか、それがわからないのです。

編集部　ありがとうございました。一生懸命用意した実験教材が目の前でメチャメチャにされ、呆然と立ち尽くすしかなかったという、その時の先生の思いが痛いほど伝わってきます。一人ひとりは明るく、優しく、一生懸命で、けなげなのに、なぜあんなふうに荒れるのか、ということが気になりますが、それはまたご発言いただくとして、次に沢木先生お願いします。

❇二年連続の学級崩壊

沢木波子　うちの学校もここ数年連続して学級崩壊が起きています。私は今、五年の担任で、四年生の時からの持ち上がりです。この学年が四年生の時、五クラス中一クラスで学級崩壊が起きました。

そのクラスですが、子どもたちは担任の先生（女性）が大好きでした。大好きなんだけれど、授業中立ち歩く子がいるし、授業は成立しない。一人ちょっと落ち着かない子がワアーッとかんしゃくを起こして、周りの子とケンカになってしまい、そのまま帰ってしまう。テストも成立しない。担任の先生は教室でしゃがみ込んでしまって、もうどうしよう！と叫んでしまったりとか。

その時は各クラスの担任が補助で入ったり、保護者会が開かれたりして何とか落ち着いたんですが、五年生になって新しく担任した先生（女性）のクラスが今、大変なんです。授業中立ち歩くということはないんですが、シラケたムードで、担任の先生に対して批判的なことを言ったり、男の子たちがワーッとたむろっていていやな雰囲気なんです。だから今、その担任の先生は毎日泣いている。本当は休みたい、つらいって。

✼保護者の苦情を受けて

沢木　いったい何が発端でどうしてそうなったかというと、その先生はベテランなんですが、すごくルールに厳しい先生で、子どもを怒ることがとても多かったですね。

夏休み明けだったと思いますが、運動会の練習の時、学年全体の前で、一人の男の子を引っ張り出して怒ったんです。その時から雰囲気がおかしくなって、男の子たちがつるんで反抗的な態度をとったり、女の子たちも、高学年の女子にありがちなコソコソ話をしたりということが目立つようになったんです。授業も成立しにくくなり、これでは崩壊してしまうというので、学年の教師や児童指導の先生、教頭先生も入ってどうしようかという話し合いをしました。

その中で、発端になった男の子と担任が話し合いをしたらどうかとか、その子の心の背景に何があるのか聞かなければとか、あれこれ話はしたのですが、最終的には、じゃあ、手が空いている人が空いてる時間に入りましょうというアバウトな感じで終わったんです。

保護者に対しては、懇談会を持ったらいいんじゃないかという意見も出たんですが、そんなことは必要ないだろうと、そのままにしてしまいました。そうしたらやはり一週間くらいして、保護者の代表という人が校長室にやって来て、このままでは困ると。それで、翌朝、緊急の学年会議がもたれることになりました。

校長先生からは、もう事態はここまで来てしまったので、今日半日使ってクラスで話し合いをさせたい。その結果、一週間後、保護者たちを呼んで「こんなふうにクラスは落ち着きました」という姿を見てもらったらどうかと。

学年の先生たちは、「そんなこと、いきなり決めて、やってうまくいかなかったらどうするんだ」とかいう心配の声も出たのですが、校長先生は「とにかく今やらなければ」ということで、急きょ実施することになりました。

話し合いはその日午前中いっぱいかけて行われたのですが、その一週間後、ハッと気がついたら保護者が何人も学校に来ていて、校長先生の予定したとおりの参観が実施されたようなんです。普通だったら、学年の担任が集まって「この一週間、こうだったね」「ここはまだ問題があるから、どうしようか」とか、「こういうふうにやってみたら?」とか、当然そういう話し合いがあるべきだと思うんですが、そんなことも一切なく、知らないうちに保護者が学校に来ていたという感じなんです。

で、話し合いをするという時、担任の先生がぽろっと、「こんなことしたって良くなるとは思えないわ」と漏らしたんですが、その通り、一週間も経つと、やっぱり雰囲気は元に戻ってしまいました。

❇学年団にも有効な手だてなく

沢木　今どこの学校もそうだと思いますが、保護者による学校評価のアンケートってありますよね。そのアンケートに「○組は荒れている。このままの学校体制ではどうしようもない」と書かれていて、先々週ですか、保護者がまた学校にやって来て、校長に「クラスの雰囲気を変えて欲しいと言っているのに、何も変わってないじゃないか。これでは困る」と訴えたらしいんです。

そして今週も保護者が校長先生に何とかしてくれと言いに来たみたいで、担任の先生は泣いて職員室を飛び出して行きました。

それを見て、学年団で何とかしないと、ということになったんですが、結局は立ち話程度に、「一月末になったらクラスを解体して授業をやってみるか」とか、「何かあったら入るからね」というもやもやっとした話で、学年の先生たちも助けるとは言っているんですが、一向に具体的なものになってない。

単発で非常勤の先生が入ることはあっても、長いスパンでの連携とか解決策はないままで、担任の先生は毎日泣いている状態なんです。子どもたちは担任に対して反抗的で、担任の先生もそれがわかっているから何をやっても悪循環で、すべて空回りという感じなんです。一人でたたかっているように見えます。

編集部　手だてがない、というのが苦しいですね。先生が大好きでも学級崩壊するということですが、子どもたちの反抗で授業が成立しない、そこまで子どもたちが担任の先生に反発するというのはなぜなのか、そのあたりはもう一度触れていただくことにして、次、今井先生お願いします。

❇子どもたちの反発にたじろぐ

今井千尋　私の場合は、クラスが荒れるというより、何人か反発してくる子たちがいて、その対応が難しくて、特に一学期の前半、苦しかったんです。

私は教師になって三年目なんですが、高学年は初めてで、それも六年生は担任が四人いるんですが、みんな四年生からの持ち上がりとかで、単発で入ったのは私一人でした。他の先生たちは子どもたちのこともよく知っているのに、私は全く知らないという不安と、さらに、去年は三年生を持っていたのに今年いきなり六年生で、子どもたちの様子もだいぶ違う、そこにまず慣れなくて……。

それにもう一つは、他の学級の先生たちに遅れをとってはいけない、私だけ出来ないということは許されないと思っていたので、つい子どもたちに厳しく規律を守らせようとしたり、「私はこうしたい」「子どもたちには絶対こうさせたい」というのをムリに押しつけたと思うんです。

そういう状態が四月、五月だったような気がします。子どもたちの要求を聞いていっしょに考えていくというより、何とか他のクラスに遅れをとらずについていかなくてはならない、そんなふうに自分のクラスを持っていかなくてはならないと思って必死だったから、それがすごくつらかったです。

一方、子どもたちとは、私がそんな思いでやっていたので、何となく心が離れていってるな、ということは感じていました。クラスが荒れているわけではないのですが、学年全体を仕切るような強い男の子がクラスに二人いて、私が言ったことにことごとく反発して言い返してくる。「こうじゃないの！」とか、「こうだよ！」「こうじゃん！」

それに対してひるんではいけないし、弱いところを見せてはいけないと思うので対応するんですが、やっぱりスキをついて、どんどん言ってくる。彼らの言い分の中には明らかに自分のわがままで言っているなというところもあるんですが、それに対してどう切り返していいのかわからない。

それに、そういうやりとりを周りの子どもたちが見ているのですが、その子たちが何を考えているのか、反発してくる子たちと同じ思いでいるのか、それともそうじゃないと思いながらも口に出せないでいるのか、気持ちが全くつかめないんです。

そんな中、私が一番苦しかったのは、六月頃、音楽朝礼で六年生の発表が行われる時でした。私の中では、もうみんなは六年生なんだからそれなりに気持ちを込めて歌ってほしいというのがあったのですが、子どもたちを見ていると、どうもそういう意識が足りないなと思ったので、「みんな、今のような姿勢でいいと思っているの！」というような話をしたんです。そうしたら、一人の男の子がみんなの前で、

「先生はジコチューだ。オレたちがやりたいんじゃなくて、それは先生がやりたいだけじゃないの！」

というようなことを言ったんです。しかもそれに対して、数人の男の子たちがニヤニヤ笑っている。それがものすごくつらかったです。

❇子どもとしっくりいかないつらさ

今井　考えて見ると、私がムリをしていたと思うんですね。私があの子たちに合わせなきゃいけないんだと気づく前に、私があの子たちを引っ張っていかなくてはと思いこんでいた。私の熱っぽさと、子どもとの温度差、そのギャップというか……。去年までの三年生ならけっこうエネルギッシュで、こちらが「やろう！」って言えば、ぐっとついてくるところがあった。手応えがあって、そういうエネルギッシュさがいいんだと思いこんでいたんです。

ところが、六年生になったらもう子どもたちは思春期ですから、けっこうさめているところはさめているし。先生はジコチューだと言ったその子も、これまではそういうことを求められてきたわけではなかったのに、ここにきて急に六年だから学年を引っ張れとか、もっとがんばれとか、意識しろとか言われても、そんなこと今まで何も求められていないよな、ということだったかもしれません。

そんなこんなで一学期は苦しんだのですが、二学期は行事とかもたくさんあるので、それでクラスを高めていこうと思いました。引っ張っていく力のある子もいるので、その子たちを中心に、少しはクラスがまとまったかなという感じはありました。

そして今やっと三学期ですが、一学期に私に反発してきた子たちが、前みたいに何か言ってくるということはほとんどなくなりました。例えば席替えなんかも、自分たちは好きなもの同士で並びたい、でも私は、いつも好きな者同士で固まっているクラスは良くないと思っているので、「みんなにとって、クラスにとって、一番いい方法を考えて」というふうに訴えました。これまでは、あまりにも自分のやりたい放題、わがままを押し通そうとするので、

「それはあなたのわがままでしょ」とか、

「それはあなたの勝手な意見でしょ」

と突き放した言い方をしていたのですが、自分でも反省して「みんなにとって……」というスタンスに変えたことで、少しはわかってもらえるようになったかなと思っています。もっとも今は〝慣れた〟ということもあるんですが(笑)。

一方、他のクラスとのことがすごく気になっていたのですが、それも時間とともに子どもたちとの距離も近づいていくから、それによって自信もついて、今はさほど気にならなくなりました。他のクラスに比べて多少出来ないことがあっても、それはそれでいいかなと思えるようになったというか……。

実際、今になって考えてみると、他のクラスとそれほど差はなかったと思うし、そんなに気にすることではなかったのかなと思います。ただ私は、四年とか五年生時代の彼らの姿を知らない

から、どういう積み重ねで、どういうことを大切にしてきて、今何ができて、何が出来てないのか、といったことがつかめてなかった。それがすごく不安だったし、とにかく子どもたちとの間がしっくりいかないことが一番つらいことでした。

編集部　初めてぽっと入った高学年で、他クラスに遅れをとってはいけないという先生の気持ち、同じ立場に置かれたら誰もがそんな思いになるんじゃないでしょうか。しかも初めての六年生、思春期の子どもへの対応はむずかしいですから。でも何とか一年を乗り越えられそうで良かったと思います。続けて、原田先生、お願いします。

＊揺れる指導が不信感に

原田みどり　子どもたちとしっくりいかなくてつらいというのは、私も同じでした。

私は昨年初任で、三年生三クラス中の一クラスを持っていたのですが、自分の未熟さで指導が揺れることから、子どもたちとの間もギクシャクして、すごくつらい一年でした。授業が成立しないというわけではないのですが、落ち着かない、廊下はバタバタ走っている。それでも一学期はまだよかったんですが、二学期を迎えた頃からだんだん様子が変わったんです。とくに一人の男の子が夏休みが終わった頃から急変して。

その子は一学期はすごくいい子で、植物が折れているのを見かけると声をかけるような子だったのに、二学期になったら、なぜか暴言を吐くようになって。それで私は気になって、何があったのか聞いたんですが、子どもの方はしゃべりたくなかったのか、話そうとしない。どうも家で勉強のことで厳しく言われてたみたいなんです。

そういう子どもの変化のほか、あとは私自身の問題なんですが、初任の時だったので何をやったらいいかわからないし、どこまでやってよくて、どこまではやっていけないのかもわからない。

例えば、毎朝二人ずつ前に出て、朝のスピーチというのをやっているんですが、「自分の好きなものを紹介する」ということで、その好きなものを持って来て話をしようということにしてたんです。ただゲームだけは学校に持ってきてはいけないものだったんですが、「先生、スピーチの時だけだからいいよね」って言うんで、どうかなという不安もあったのですが、「いいよ」って言ってしまったんです。

ところが、休み時間になったら、ゲームを持ってきているということがわかって、隣のクラスの子どもたちまでその子のところにやってきてゲームが始まって、次の授業が始まっても熱中していてやめようとしない。隣のクラスの先生がそれを見てびっくり、「何でゲームなんか持ってこさせるんですか」と注意されてしまったんです。

もう一件は、放課後、教室が汚くて、子どもたちが何人か残って掃除をしてくれていたので、「ありがとう」とか言っていたら、通りかかった先生に「下校時間だから、帰りなさい」と注意されてしまうとか。

帰らなければいけない時間を守らなかったのが悪いんですが、自分が「いいよ」と言ったことがことごとく周りの先生に止められる。ゲームのことも、他クラスへの迷惑なんか何にも考えないで「いいよ」と軽く返事した私が悪いんで、明らかに止められるようなことではあったんですが、そういうことが何回も何回もあって……。

もちろん注意してくださった先生がどうこうとかいうことではなくて、すべて私の未熟さからきたことなのですが、そうなると子どもたちは「先生、いいって言ったじゃん」というふうになって……。

しかもそういう時、すぐに注意してくれた先生に謝って、子どもたちにも「ごめんね」と言えば良かったのに、それが出来なくて、どんどん関係が悪くなっていく。それでどうしよう、どうしようと……。授業も聞いてやろうとしている子と、そうでない子がいたり、専科の時間も教室に行こうとしない子がいたりしました。

❇何をやってもうまく出来ない

原田　これはあとで聞いてわかったのですが、その学年は二年生の時に大変なクラスがあったらしいんです。でも私はそんなことも知らないし、とにかくうまくできなくて、例えば自分が注意をしても子どもが聞かなくて困っていた時期に、他の先生がやり方を見せてくれたんです。それ自体はとてもありがたいのですが、でも一方で、私がちゃんと注意してないみたいな、そんなつらさに襲われてしまう。

初めての年って、本当にどうしていいかわからない。他のクラスの先生にも「こういう時、どうしたらいいんですか」と助言を求めたりしたんですが、教えてくれたことを、じゃあ実際自分ができるかというと、できない。自分が聞いたんだからやんなきゃと思うんですが、やってもうまくできないんです。やっとこのサークル（注）に来た時、「こういうのがいいよ」ではなく、「これだったらできそう?」ということをていねいに聞いてもらえて、それをやってみようという気持ちになって救われました。

編集部　初任の先生は勤務一年目からクラスを持たされて、ベテランの先生と同じようにできることを求められる。その上、初任者研修という課題も抱え、本当に苦しい一年だと思います。先生がいいと言ったことがひっくり返されて、子どもたちに不信感が広がっていく、そういうことがどうしても出てくるでしょうね。

ところで、ここまで四人の先生たちのお話を聞いて、どうしても気になるのは、子どもたちはどうしてそんなに荒れるのかということです。特に、沢木先生のお話の中に、先生が大好きで学級崩壊したというお話がありましたが、それはどういうことなんでしょう?

〔注〕例会は毎月一回。その中で、三～五人の小さなグループで、今困っていること、悩んでいること、つらいことをそれぞれ話す「悩みを語るコーナー」があります。次々と悩みが飛び出す中、この時の原田さんはとてもつらそうだったので、サークルが終わった後、場所をかえてじっくり話してもらい、「これだったらできそう」という取り組みを考えたのです。（真咲記）

2　子どもたちはなぜ荒れるのか

❇きびしい叱責、ほめ言葉がない

沢木　先生が大好きな崩壊というのは、これは私の個人的な意見なんで、ひょっとしたら違うかも知れませんが、ルールがなかったのかなと思います。

私が初めて担任を持った時、いろんな本を読んだり、指導教官の先生に教えられたりして学んだことは、四月、五月（あるいは六月）の間に学級としての規律をつくっていくということです。そこで担任がぶれていたり、学校の方針と違うことをやったりすると、子どもたちって好きな方向に行きたいからグチャグチャになってしまう。そうなる前に、担任の方針とルール、それも力によるものでないものをきちっとつくっておかなくてはならない。

私は学級経営って、四、五月が土台作りで、その土台の上に子どもたちの意見で種を植えていって、それで花を咲かせていくのかなと思っているんです。

例えば楽しいゲームも土台がないとできませんよね。話し合いも、人の話が聞けなかったらできない。掃除はきちんとやるとか、並ぶとか、ちょっとしたことでもルールがあるのとないのとでは大違いで、例えば先生大好きで崩壊した学級は、まず並べない。先生が話していてもわーわーおしゃべりしているし、先生とも友達感覚、体育の着替えの時も全裸になって踊ったりとか、先生大好きなんだけど、言うことをきかない。

一方、今崩壊している五年生の学級はその真逆で、ピシーッとすごいルールがあった。何かしたら怒られる。中でもきちんと並ばせることに固執する先生で、移動教室の時もちゃんとしないと、

「なんで並ばないの！　あなたたち！」

掃除の時間も、

「なんで掃除しないの！　こうこうこうでしょ！」

ちょっとしたミスでも言われ続ける。授業でも、その先生が怒っている声が教室越しに聞こえ

てきて、「あら、まずい」っていう雰囲気なんです。

そういうことが四月から続いていたので、保護者の中には子どもの性格がねじ曲がってしまうと、泣きながら訴えたということも耳にしました。

うちの学校にはこれ以外にも今年、別の学年で学級崩壊が起きて、初任の男の先生が秋で辞めてしまったというケースもあります。でもクラスが多いので、深いところはわからないし、知らされないいし、私たちもその先生を助けることも出来なかった。それどころか、同じ五年で苦しんでいる先生がいるのに、みんなで支えるということも出来ていない。いろいろな問題がからみあって崩壊するのかなと思っています。

編集部　きびしすぎる崩壊、ルールがない崩壊というお話ですが、なんで子どもたちが荒れるのか、という点で、理科で苦労された津山先生はどうですか?

❇忙しすぎる子どもたち

津山　私が一番感じているのは、とにかく子どもが忙しいということです。朝学校に行っても外では遊べない、授業はびっしり詰まっている。帰りには親の車が待っている。ないしは歩いている途中、親が車で迎えにきて、お稽古事とか、塾に送って行く。

そして土曜、日曜は野球とか、サッカーなどのスポーツクラブ。男の子が多いですが、ほとんどが地元の野球チームに入っていて、それに親も関わっている。練習なんか見に行くと、そこでは子どもたちは別人のようでピシッと挨拶したりするそうです。

月曜から日曜まで全部予定が入っていて、本当に忙しい。家に帰ってのんびりするとか、今日帰ったら何やろうかなとか、自分でやってみようと思ってやってみるといった経験が圧倒的に少ない。時どき私は学区を歩くことがあるんですが、遊んでいる子は滅多にいません。たまに野っぱらでやんちゃして遊んでいる子を見ると、ほっとします。

沢木　そのご指摘、私もすっごくよくわかります！　子どもが本当に忙しい。今五年生で荒れの中心にいる子は中学受験で毎日のように塾に行っている子です。

そして学校も忙しいんです。いろいろな活動があって、運動会などの表だった行事だけでなく、校内の学習発表会とか、フェスタとか。その間に給食週間や読者週間があって、各学年の遠足もある。中休みになると、その実行委員会が開かれたり、委員会が招集されたり。クラブの発表会もあるから、その練習もあるし、休み時間に音楽の発表会が開かれたりもする。だから先生たちはいつもバタバタしているし、子どもたちもバタバタしている。口癖も「忙しい、忙しい」。子どもたちも忙しい、忙しい。

そういう忙しさをあえてつくることで荒れさせないようにしてるのかな、と思う時もあるんですが、放課後もゆっくり出来ることなんてほとんどありません。しかも授業数が増えていますよね。一年生ですら水曜の四時間をのぞいてあとは全部五時間、二年生になると、六時間授業が入ります。

先生たちもみんな疲れているので、冬場の今なんか風邪を引いてインフルエンザにかかる人が次々出て、毎日のように誰かが休んでいる。学校に全員揃っている時がないんですよ。職員室はいつもピリピリムードですから。

原田　私の学校で休み時間がまったくない日が何日か続きました。その時、他のクラスの先生が言っていました。休み時間がなくなると、子どもが荒れ始める、落ち着きがなくなるって。本当にそうだと思います。

✻一日ゲーム三時間

津山　特に落ち着かないのは男の子ですね。私は、自分の子育てでも思ったのですが、世の中の価値観というのは強い者がいいんだという方向ですよね。それはゲームの世界でも同じで、ゲームは次々だれかを倒し、それが得点になっていく。それも自分の思い通りにできるのがゲームです。それで人間としての心はどうなっていくのだろうと、時どき心配になります。心って、人間と人間の関係の中で育まれていくものじゃないですか。

気になったので、三年生のクラスでゲームをやってる時間とテレビを見ている時間を聞いたこ

◆学校外での学習活動（学習塾、通信添削、ならいごと）に対する調査

全国の公立小学校１～６年生 30,222 人対象 2007 年 11 月、
文部科学省委託・財団法人日本システム開発研究所調べ。

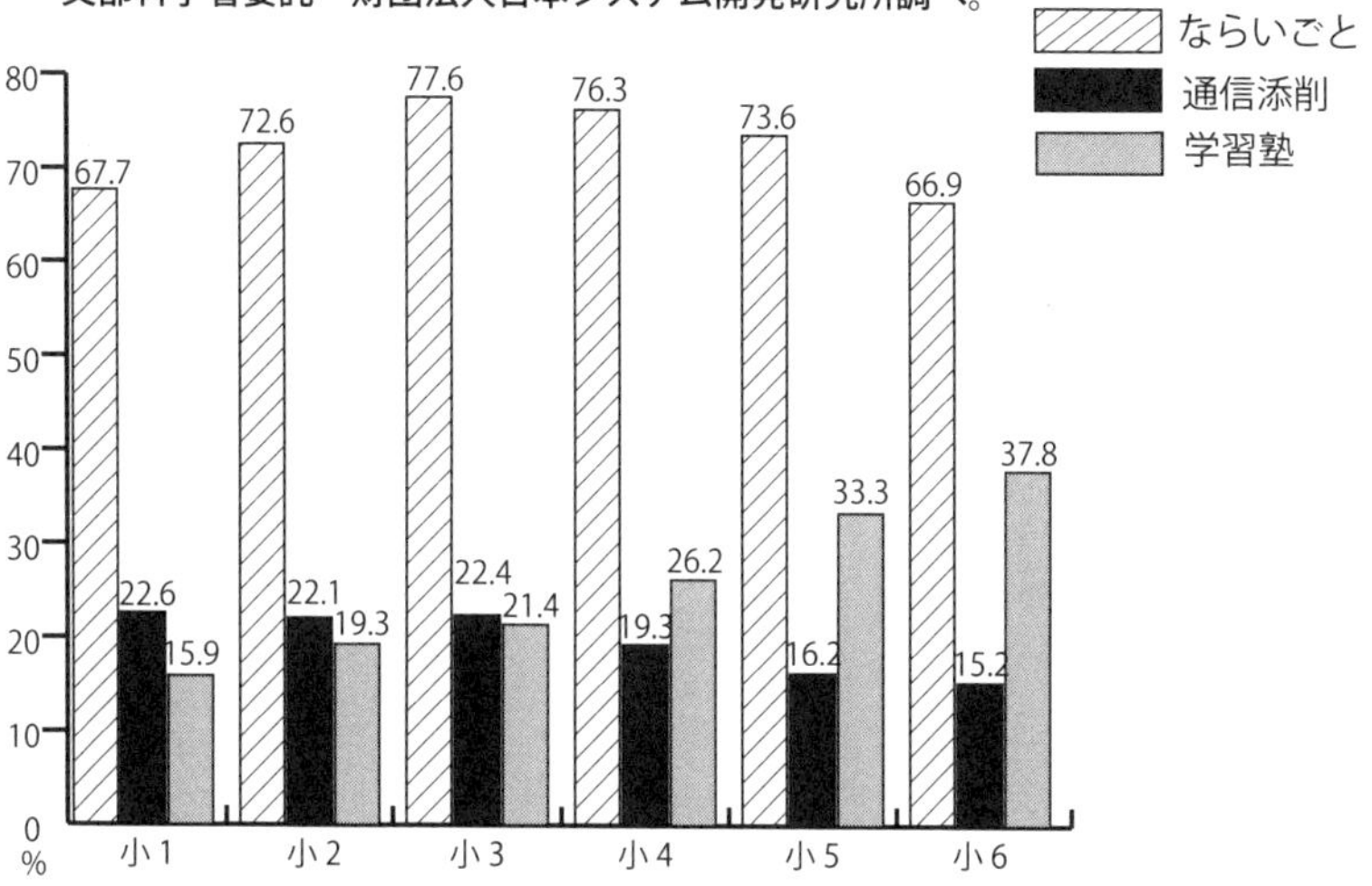

◆年度別で見る学校外の学習活動

小学生全体（30,222 人対象）

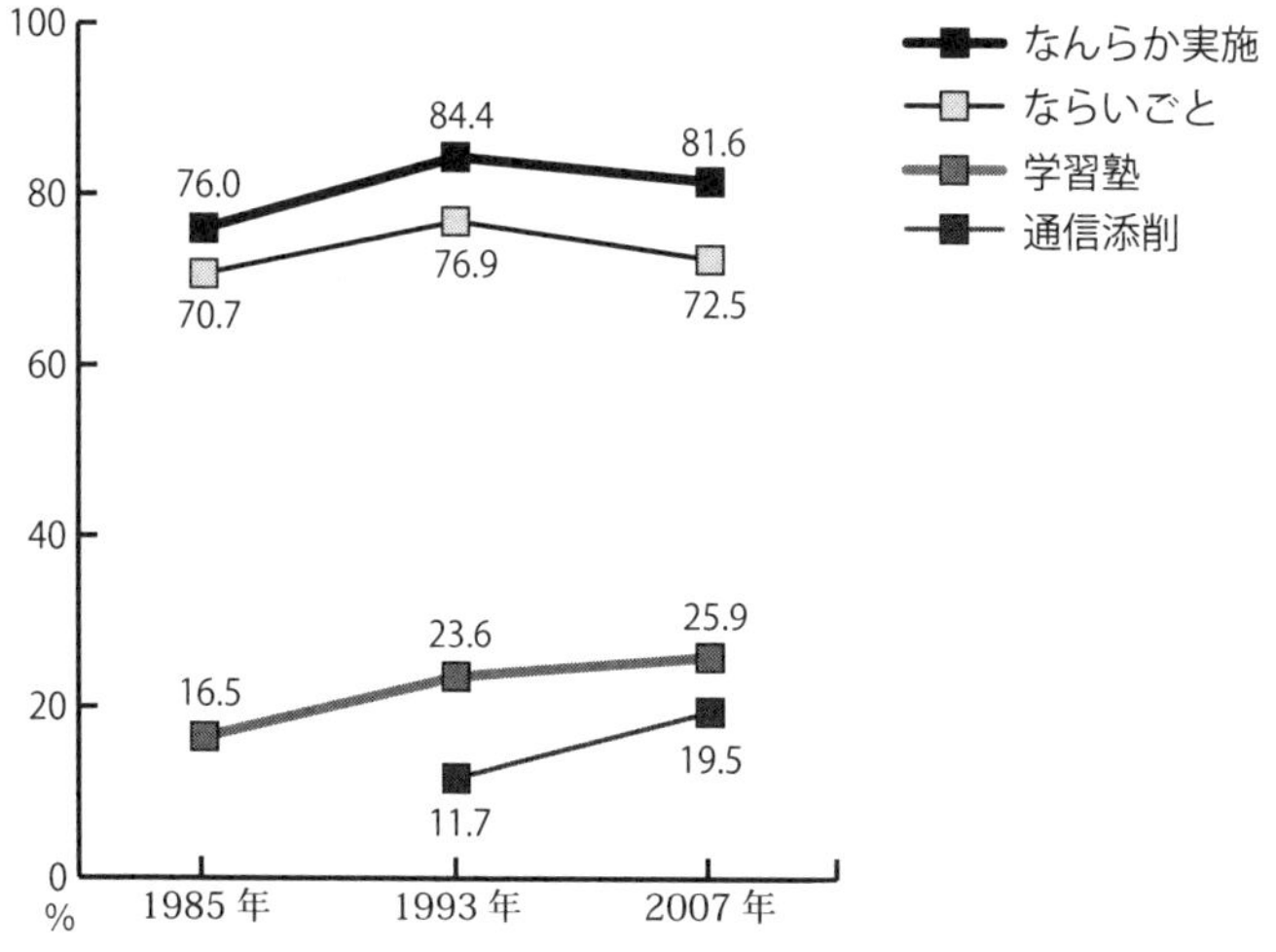

とがあるんですが、テレビの三時間以上はさすがに一人でしたが、ゲームの三時間以上は二〇人中一一人！　学校で授業が六時間、家に帰ってからの時間は限られているのに、ほとんどがゲームとテレビで費やされている。

今私が行っている学校は、前にも話しましたが、わりと自然環境に恵まれたところで、野っぱらもたくさんある。そういうところでさえ、子どもたちは遊ばない。この間も雪が降ったので、きっと何かして遊んだだろうと思って、二年生と給食を食べながら、

「何つくったの、雪だるま?」って聞いたら、

「やんないよ」

「えっ!」

「だって、ぬれるから」

「……」

「ゲームやってた。ゲームの方が楽しいよ、先生」

心底楽しいと思っている笑顔です。その子は活発でリーダー性もある男の子なんですが、心からゲームが楽しいと思っている。とにかく遊んでないし、いろんなことをして友達と関わっていない。家でお母さんの手伝いをするとか、自分で何か作ってみるとかといったことを経験せずに幼児期を過ごし、学校に来ている。そして学校では、次から次にいろんなことをこなさなければ

ならない。自分でじっくり心ゆくまで遊んだりする体験が少なくなっている、そのことが気になります。

❇子どもはゴチャゴチャしたいと思っている

林 圭吾 僕は今日はオブザーバーとして参加させてもらったんですが、今までの話を聞いて思ったことは、子どもって、問題が起きないように、起きないようにされていますよね。親も問題が起きないように、起きないように育てている。ゲームの世界もトラブルが起きない。そういうふうに、トラブルが起きないように、問題が起きないように生活しているから、逆に子どもたちはゴチャゴチャしたい、荒れたいんじゃないですか。

僕は去年三年生を持っていたんですが、五月の終わり頃、管理職に「林さん、学級崩壊だよ」って言われて、「あ、これが学級崩壊なのか」と。自分ではそれくらい普通だと思っていたんですが、学級崩壊だと言われてはじめて、「ああ、そうなのか」と。それで親を呼んで話をし、毎日授業公開、親には代わりばんこに来てもらって授業参観してもらいました。

もちろん荒れることがいいわけではないんですが、もしかしたら子どもたちにとって、学校というのは、荒れる体験というか、ゴチャゴチャの混沌を味わうための場?――本来はそうじゃないんですが、ほかにそういう場がないから、学校で暴れるというか、そういう側面があるんじゃないかなと思うんです。
もっとも、そうは言っても教師は管理職からも保護者からも、先生は静かに授業をさせなければならない、こうしなきゃならないと求められて、そういうプレッシャーの中で責任がある立場だから、子どもを解放してあげるなどということは簡単なことではないですが……。

津山　子どもはゴチャゴチャになりたいという林さんのその指摘、私もすごくよくわかります。結局、どこでも自分を出せないのかもしれませんね。唯一、出せるのが学校なのかも知れない……。

子どもは、失敗しながら育っていくものなのに、それができない。だから、子どもが何かやらかしたり、暴れたりするのを見て、あんなにキーキーしないと自分を出せないのか……、その辺は何となくわかるというか、そういう状況に子どもたちがおかれていることにすごく怒りを感じます。私自身もそういう社会をつくっている大人の一人なのですが……。

編集部　子どもが荒れる背景には、子どもの生活が忙しすぎるということが指摘されました。その上、子どもはゴチャゴチャになりたい、荒れたいと思っているのではないか、それを出せる唯一の場が学校なんじゃないか、というバクダン発言まで飛び出しました。つまりそれは、教師一個人の力量を越え、今子どもたちを取り巻く社会、ひいては文明の問題でもあるのではないかと思います。

そういう困難な時代を子どもたちと共有しながら生きている先生たちですが、しかしなんといっても目の前で日々の授業が成立しなかったり、子どもたちからきつい言葉を吐かれたりの毎日はあまりにつらい。そんなきびしい時期を、では先生たちは何を支えに乗りきってきたのか、率直なところを聞かせてください。

3　いちばんつらい時、何が支えになったか

❇誰かひとりでも気持ちをわかってくれたら

今井　四、五月、自分がいちばんつらかった時は、誰も私の気持ちはわかってくれないと思っていました。家に帰って一人で泣いて、学校から帰る途中も考えたことは、あわよくば車が私のことをひいてくれたらいいのにと。もう私は、全部自分が悪いと思っていましたから。誰かに何かすごいことを言われたとかということではないし、とにかくうまくいかないのは自分のせいで、そう思うと、いつも胸のあたりに重いものがあって。一人で泣いて、死にたいと思っていました。

でも、そういう苦しさを学年の先生たちには話せませんでした。周りの先生たちは、これまでの子どもたちを知っているから、クラスは違っても「あの子って、こうですよね」と話せる。でも私は単発で入ったから知らない。ああ、そうなんだと聞いているだけ、いっしょに話すことができない。どんどん自分から引いていって、もっと自分から積極的にならなければと思いながらも、どうすることもできない。それですごく落ち込む時があって。

今もそんな思いから完全に脱したとは言えないんですが、だからいちばんつらかった時、校長先生のところに行って泣いたことがあるんです。誰かに聞いてほしい、学校の中で誰か一人でも私の気持ちがわかってくれる人がいたらいいのにという思いでした。

原田　私も同じです。悪いのは私だと思っていました。実際、私が悪かったから。そして私もやっぱり死にたいと思いました。でもそれだけは嫌だと思って。とりあえず死なないでおこう、最悪の場合は辞めてもいいからと。そこまで自分の目標を下げて、そこさえ踏みとどまればいいよって、自分に言い聞かせました。

今井　何とか前向きになりたいんだけど、自分の力だけではどうしようもないから、誰かに「大丈夫だよ!」と言って欲しい。そういう言葉を求めているんだけど、誰だったら言ってくれるんだろうというのがずっとありましたね。

でも運動会が終わった時、違う学年の先生から、「今井先生、最近、元気ないけど、大丈夫?」って言ってもらえた時すごくうれしくて。あ、気づいてくれてる人は気づいてくれてるんだなって。それがすごく救いでした。

原田　私も、困っているのを見て、他の先生が「大丈夫だよ、そんなの」と言ってくれたりしたのがありがたかったです。それに、私の場合、初任担当の先生にいろいろ聞いてもらいましたし、教えてもらいました。

❇新任一年目を乗り切れたのは

沢木　今、原田さんから初任担当の先生の話が出たので思い出したんですが、私、新採の時、二年生の担任だったんです。その一年間、なんで私が教師を辞めずにもったかというと、指導教官の先生の存在なんです。

その先生は必ず私のことをほめてくれる。厳しいことは言うんだけれど、「あなたのここが良かった」とか、「私にはこんなことできないけれど、沢木先生はこんなこともできるんだね」とか。私のことだけでなく、子どものこともほめてくれて「子どもたちのこんなところがいい」って。

それに私がどうしたらいいかわからなくて立ち往生している時もどこからかサーッと来てくれてアドバイスしてくれるんです。「ああ、私のこと、ずっと見てくれてるんだな」と思ったし、私はその先生はスーパーマンだと思っていました。とにかく、ああしなさい、こうしなさいより、まずほめてくれる。そしてつらいことがあると、「大丈夫よ」という言葉をかけてくれたり、お菓子を置いてくれる先生なんです。全然出来てないのに、ほめてもらえたことが教師を続けてこられた要因だと思ってます。

その後、三年生を持った時も、同じ学年に初任の先生がいたんですが、その時の指導教官の先生もすごくほめる人で、「大丈夫だよォ」といつも言ってくれていて、常に初任の味方でしたね。学校側とたたかってでも初任の味方という感じで。そういう先生がいてくれると、ほんとうにありがたいと思います。

❇指導教官もつかない臨任時代の支え

別所慶太郎　今の話を聞いて、正式採用された初任は指導教官がつくからまだいいなと思いました。僕は初めて教師をやった時、臨時任用だったんですよ。臨任には指導教官もつかない。まず大学を卒業したばかりの自分に、四月六日から来てくださいと連絡が入りました。学校名を伝えられたんですが、それがどこにあるのか場所もわからない。何年生を持つのかも知らないし、教室も知らない。子どもも知らないし、下駄箱を案内するといっても下駄箱がどこにあるかも知らない。そういう状態で一年間担任をするんです。あげく、月の一日からの任用ではないということで、四月の交通費は出ない、交通費さえ自分持ちです。

そういう何もわからない自分が臨任の一年間をどう乗り切ったかというと、理由は二つあって、その一つが、いつもこのサークルに勉強会に来ている先生（女性）が僕の学年主任でいてくれたことです。その先生が何から何まで面倒見てくれて、例えば「今日はこれだけやっておけばいいから」と言って、準備しておいてくれました。しかし初めてだからやっても出来ないことが多いですよね。放課後に「こんなことができなかったんです」と言って落ち込んでいると、いつもすごい勢いで怒られるんです。

「あなたが出来てどうするの！」

そういう言い方をして怒ってくれる人っていないじゃないですか。

これはよくあることですが、初任の持ったクラスがグチャグチャになった時、指導教官なり、他の先生なりが入ってその場をおさめてくれたり、授業を代ってやってくれたりということがありますよね。僕はそれは、その初任にとって本当によかったことになるのかなという疑問がずっとあります。

というのは、そういう先生が自分のクラスに来て、子どもたちが静かに話を聞いたとする。そういう光景を見たら、かなりの人は自分はダメだとショックを受けるんじゃないかと思います。たしかに子どもの状況は改善するかもしれない。けれど、担任の自尊心というか、〝心〟は何も救われない。子どもが大喧嘩して、一人では止められないという時には誰かが入ることは必要だけど、担任一人でもやもやしている場面で、他の先生が入ったことで救われるというのは五分五分かなあという気がします。本当に新任のことを考えてくれるなら、「それくらい大丈夫よ！」と言ってくれるだけで僕は十分だと思います。僕の学年主任の先生はそういう先生で、「あなたが一日や二日、一週間やそこらでうまくいくなら、三〇年やってもうまくいかない私は何なのよ。うまくいくはずないでしょうが」

そんな調子で毎日言ってくれたんで、「そうか、そんなにすぐうまくいくはずないのか、じゃあ、とりあえず明日も頑張ろうか」と、思うことができました。

❇一日に一個、成功体験を積み重ねる

別所　あと、原田さんが死ななければいいと思うことで何とか乗り切った、と言いましたが、その先生が常々僕に言ってくれたのは、とにかく自分が倒れたらダメだからということでした。子どものこととかいろいろあるけれど、まずは自分の身を大切にしろ、自分が折れてしまうのが一番いけない。子どもにとって、先生が折れたり辞めてしまうのは一生の傷になってしまうから、そういう傷だけはつけてはいけない。折れそうだったらその前に逃げる、無理だけはしてはいけないと。

そのほかに、僕がもう学校に行きたくないな、と思った時にこのサークルでもいろいろ教えて

I　【座談会】若い教師たちが直面した子どもの荒れ

もらいました。休み時間、子どもたちと遊んだりする時間はいいんですが、どうしても授業がうまくいかない。教材研究しなければいけないんですが、その準備が出来ないでいた時、真咲先生に、

「じゃ、一日の中で何か一つだけ楽しいことを考えて、そのために準備する。それがうまくいったら、ああ、今日はうまくいったでおしまい。うまくいかなかったら、これはダメだった、明日また一つ楽しみね、という感じで、まず一日に一個、次に一時間に一個というふうにしていけば、少しは気が楽になるんじゃない」

そんなふうに言われて、「そうか、一日一個なら出来るかな。国語、算数、体育……う－ん、よし、音楽のここだけはあの子たちとできるかもしれない。やってダメだったら、今日はおしまい。続きはまた明日」、そう割り切ることで少し楽になれたという気がします。

❇白い丸いテーブルの話

沢木　白い丸いテーブルの話って知ってますか？　私はつい最近、大阪大学大学院の小野田正利先生の講演を聞く機会があったのですが、その時、非常に印象的だったのが、白い丸いテーブルの話でした。

今から五年前、都内の小学校に新採で赴任した若い女性の先生がわずか二カ月で自死されてし

まった、その詳しい経過は『新採教師はなぜ追いつめられたのか』（高文研）という本の中にも収められていますが、その亡くなられた先生のお父様と小野田先生は交流があるそうなんです。

その亡くなられた先生の学校には事件の前年まで職員室に白い丸いテーブルがあったそうです。休み時間になると、先生たちは職員室に戻って来て、その白い丸いテーブルを囲んでお茶を飲みながら話をして、休み時間が終わると、またパッと授業に戻って行った。

ところが翌年、新しい校長先生が赴任し、その白い丸いテーブルはいらないから捨ててしまえということで、撤去されてしまったのだそうです。同時にその年、多数の人事異動があって、それまでいた常勤の先生の半分が転勤してしまった。当然、先生たちが職員室に集まって愚痴をこぼしたり、話をしたりということもなくなってしまった。

多くの先生がこの学校になじみがないことに加えて、この学校は単級学校で、その先生は二年生を持ったのですが、指導担当の先生が一年の担任で、そちらも手いっぱいで十分なサポートが得られなかった。そんな中、土・日の出勤に加え、就寝は午前一時、一カ月の超過勤務時間は一〇〇時間を超えるという中でわずか二か月、追いつめられて命を絶たれてしまったんです。その不幸な事件ののち、お父様がおっしゃったそうです。

「もしも白い丸いテーブルが職員室にあったら、娘は死ななくてもすんだかもしれない」

それで小野田先生が講演の席でみんなに訴えられたのは、

「ぜひ先生方、学校に戻ったら、白い丸いテーブルを用意してください」と。その話を聞いて思ったのですが、やっぱりうちの学校にもみんなでお茶を飲んで話が出来るような部屋がないんです。私の指導教官の先生がよく、「この学校にそういうところがあればいいのに」と言っていたんですが。

学級崩壊の問題にしても、初任の先生の問題にしてもこうやってみんなで話すことで、なるほどそういう考え方もあるのかとか、そういう方法なら自分も出来るかもしれないとか、先が見えてきますよね。けれど、今の職場は忙しすぎることもあって、そういう話すらできないし、誰がどんな意見を持っているかもわからない。

私はまだ若くて今は無理ですが、もし自分が三〇歳、四〇歳になって何か出来るようになったら、小さなテーブルを置いてお菓子なんか用意して、みんなでお茶を飲んだりする空間を作りたいなと、そのお話を聞きながら思いました。それがせめて自分に出来ることかなと。

編集部 ありがとうございました。心に染みいるお話でした。白い円卓は、先生たち同士をつなぎ、いっしょに子どもの問題を考えていこうとする、その象徴ともいうべきものですね。今、教育にかけ落ちてしまったものが、まさにその白い円卓ではないかという気がします。

最後に、このサークルの中心で、いつも若い先生たちに助言を続けている真咲先生に、今日のまとめをお願いしたいと思います。

4　まとめ

❇子どもは、受け止めてくれる人の前で荒れる

真咲倫子　今日は学級崩壊をめぐって、思い出すこともつらいことを率直に語っていただき、ただただすごいなぁーと感動しています。私も、「そうだったのか、つらかったよね、傷ついたよね」という思いで聞かせていただきました。

私もかつて担任したクラスが学級崩壊になって苦しんだ一人ですが、たしかに津山先生が話してくれたように、前日必死に教材を準備して、きちっとセッティングしておくんですよね。ところがちょっと下を向いている間に荒れちゃう。下も向かない、息もすわないくらいの迫力でバンバンバン！と教材を持ち込んで子どもたちをひきつけるつもりでいる私なのに、そんな決意がいとも簡単に、無惨に壊されていく。

もちろん、子どもたちはいろんな事情を背負っているわけで、その子どもをきちっと受け止め

てあげるのが教師の仕事なんだけど、こちらに向かってくるものがあまりに強烈すぎて、受け止めるキャパがなくなってしまう。しかも、ほとんど不意打ちなんですよね。

そういうことがどんどんどんどん積み重なって、本当は子どもを信じたいんだけれど、林さんみたいに、荒れててもいいよ、とはなかなか思えなくて、ついついどなったり、嫌味を言ってしまう。

例えば朝会でみんながきちんと並んでいるのに、自分のクラスだけグチャグチャだとどうしても気になって、よせばいいと思いながら、うしろからそっと「ちゃんとしなさい！」とか、「すわりなさい」と注意している自分がいる。

名札検査だって、そんなことまでしなくていいと思ってる先生は少なからずいると思うけど、全校の前でやられたら、付けなくていいよ、とはなかなか言えない自分もどこかにいる。

子どもになめられてはいけない。ミスはしてはいけないという圧力を感じて揺れてしまうのです。情けないですよね。子どもの心の声を聴き取り、大切にして実践していくことは創造的で楽しいことなのにいくらやっても改善されないと疲れ、落ち込み、つらくなってくる。でもそこには子どもを大切にしたい、何とかしたいという「私」がいるのですよね。本当はすごいことなんだと思います。

あと、これは私の体験からなんですが、学級がゴチャゴチャしてしまうのは、ある意味で子どもに選ばれた人だという気がすごくします。子どももどこかで自分を取り戻したいという思いを持っていて、それを、自分により近い気持ちを持っている人の前で表出してるんじゃないか。立ち歩いてみたり、（本人は無自覚だと思いますが）止めてもらいたくてあばれてみたり。荒れは「ヘルプ」です。

そしてその背景には、津山先生がおっしゃったように、追い立てられて強い自分を要求されているような現実があったり、あるいはゲームで、一個一個クリアしていかないと気が済まない人生みたいなものを子ども自身背負わされている――。貧困や発達の障害、学力問題、虐待等々、社会のひずみを一番弱い子どもたちが受けて、苦しんでいると思います。そういった背景がわかると少しは楽になれる気がします。

❇つらい時、つらいと口にすることの意味

真咲　もう一つ、すごいなあと思ったのは、今日、今井さん、原田さんが「死にたかった」というなかなか口にできないことを言ってくれた勇気。それを聞いて、「そうなんだ、原田さんもそうだったのか。私も同じだったんだよ」って言える関係になるじゃないですか。思い切って言葉をつぶやいてみるということは、自分のためだけじゃなくて、同じような思いを抱いている（それが年配者であろうが、若い人であろうが）他人をも救っていくんだなあと思いました。

竹内常一先生（國學院大學名誉教授）が、「自分をケアしない人は他人をケアできない」って、いつもおっしゃるのですが、まず自分を大事にする、そのことが他者をも救っていくんだと思います。

でも教師って、どんなに苦しくても、せっかく用意した教材を壊されても、何かいい方法はないか、何かいい教材はないかと、必死で実践していくんですよね。それが教師魂だし、ロマンだと思うんです。ところが今の教育現場は、悲しいことに、教師にとって決して働きいい職場だとは言えなくなっている。

白い丸いテーブルの話が沢木さんから出ましたが、かつての職場はそういうものがどこの学校にもあったと思うんです。冬は石油ストーブを囲んで子どもの話をするとかね。そして初任の先生とか、異動して一年目の先生とかには、まだ事情がわからないだろうからと、校務分掌も楽にしたり、大変なクラスは私たちが持ちましょうと。そういう教師の良心みたいなものがあったはずです。

だけど、今はそれさえも捨てざるを得ないほど、一人ひとり抱えているものが重いので、中には「あの親がいるクラスを持ったら私が病気になってしまう」とか、「去年、あのクラスは大変だったからもう勘弁して」とか、そういう現実が一方にある。

だから、どうしても初任の先生をかばってあげられないし、新しく異動してきた先生をサポートしてあげられない。そういう苦しさを、私たちはもっともっと語っていかなければならないと思うんです。

❇教師同士のつながりを取り戻すために

真咲　もう一点、これも白い丸いテーブルに関わることですが、白い丸いテーブルは教師につながりをつくっていたと思うのね。それが今は遮断されている。隣りにいても、その先生が何を考えているかわからない。しかし教育というのは、共同で、みんなでつくっていくものですよね。その原点に返って、もう一度そこを取り戻さないと、結局、そういう場を見つけられない人は無念な思いを抱いたまま辞めていくことになってしまう。

今日、話をしていて反省したことは、若い先生にはどうしても押しつけが先に立ってしまうことです。そうではなく、「どうしたの?」「どうしたいの?」と聞いていくのが大事かな、と思っています。

それから、今日お話を聞きながら私が感動したのは、こんなに子どものこと、仲間のことを大切にして生きていこうという若い先生方の姿です。いっしょに学べることに感謝しています。これからも職場やサークルで悩みを語り、失敗談に盛り上がり、子どもの嬉しい姿に涙したりしながら、ありのままの自分を大切に歩いていきましょう。ゆっくり楽しみながらね。

十分なまとめになっていませんが、私からは以上です。

編集部　ありがとうございました。みなさんから教育現場の赤裸々な実態をお話しいただき、さらになぜ教師も子どももこんなに苦しいのかという、その背景にもそれなりに迫ることが出来たかと思います。今、目の前で大変な現実を抱えている先生には、この七人の先生たちが所属している生活指導サークルの合言葉をお送りしたいと思います。

「一人で悩まない」

「あなたは悪くないんだよ」

Ⅱ

【手記と分析】

ベテラン教師が遭遇した試練

手記

荒れる学級の中で悩み続けた一年間

——一人で悩まないで、思いを語り聞いてもらって

◉京都・公立小学校教諭　吉益　敏文

教職員組合の専従の仕事に携わり再び現場に戻るとき、私は次のような挨拶をした。「三年ぶりに現場に戻るということでとても嬉しいです。でも時どき夢をみます。学級崩壊になり、子どもたち、父母、職場の仲間から批判され四苦八苦してるところです」（注1）そう言うと、参加されてる人は笑いながら私の話を聞いてくれた。それは私が組合の仕事で、同僚から教師の仕事を続けていくかどうか、「指導力不足教員」問題などで悩みを相談されたり、話し合ったり、報告したりすることが多かったからなのかもしれない。しかし、現場にもどり私自身の現実の問題として直撃する。以下の小文は、私の体験談と問題意識である。

❇「意味不明」「先生には関係ないやろ」

クラス替えした二クラスの六年生、三三人（男一五人、女一八人）を持ったときである。復帰し

て三年、五三歳のときだった。

ここ数年間、高学年ばかり担任していたので、それなりに緊張していたが、三三人の半数は五年から担任していたので、気楽な気持ちで四月を迎えた。しかし、何かしらしっくりいかない違和感があった。数人の女子とはなかなか気持ちが通じないなあという感じをもっていた。

授業をしていると「意味不明」とさけびだし、私語が多いので注意すると「ひいきや」と言って反発した。いつも、うまくできることはないが、わかる楽しい授業をと心がけてきたつもりだったし、自分の教育信条として、一人ひとりを大切にすることを大事にしてきたので、今までに言われたことのない子どもたちの言葉に私はとまどいを覚えた。次第にその輪が広がってなかなか指示が通らないようになってきた。

五月の連休明け、五年のときから担任していた子どもたちの靴がかくされる。ノートが引き裂かれるという事件がおこった。

被害にあった子どもに、私が事情を聞くと、

「自分で破いた。靴もあったし、何も問題ない」

となかなか私に語ろうとしなかった。心配して様子をさらに尋ねると泣きながら、

「先生には関係ないやろ、先生に話してもしかたがないやんか」

と、叫ぶようにして答えた。今まで何でも語ってくれた子どもたちと、気持ちが離れていくの

を痛感した。（子どもたちと心が通じない……）こんなはずではないというあせりと無力感が私の心に宿った。状況を子どもたちに尋ねても、

「犯人あつかいするのか。誰がやったかわからへんし。いじめられる子が悪いのや」

反発するような声が返ってきた。いくらかの女子との意思疎通がいかないところから、次第にクラス集団全体と、私との関係がまずくなっていった。

❇意欲がなく、「うつ」状態に

五月の後半から学校にいくのが苦痛になってきた。なぜ、あの子があんな行動をするのか、何が原因なのか、私の何が問題なのか、と思えば思うほど、やることなすことがうまくいかず、子どもたちとの関係がまずくなり、歯車がかみ合わなくなり、自分の気持ちが萎えていった。何もする気がおこらないという日々が続いた。

私は以前、教師の苦悩の原因として「様々な外的な圧力や障害より、子どもと教師の関係、いわゆる信頼関係が崩れることが最大のものである」（注2）と書いたことがあるが、まさにこのときはそういう状況であった。

以前、教職員組合の仕事をしているとき、教職員の権利、生活についての相談がいくつかあった。その中でも教師と子ども、父母、同僚との関係の悩みが一番多かった。子どもとの関係から

くるストレスで精神的に負担がかかり、教師を続けるかどうか迷う、誠実であればあるほど自分を責め、教師に向いてないのではないかと悩む人が何人もいた。

そのとき、私はただ話を聞くだけだったが、一時的に休職をすすめたり、心療内科の医師を紹介したりした。そのまま仕事を続ける方、休まれる方、最終的には本人がきめられたが、様々な事例があった。年々こうした悩みはふえていた。そしてその多くは教育実践や教育運動で職場や地域で献身的に活動されている方だった。

六月のはじめ、修学旅行を目前にして、自分自身が同じことで悩むことになった。私自身、仕事を続けるのか、休むのか真剣に考えるようになった。不謹慎な話だが、何か骨折でもして休めないか、病気にならないかと考えだした。そうすると体重が急激に減り、車で通勤しても学校に着くと、車からすぐに下車できないという状況になってきた。

私事だが、家族にも同じことばかり話すようになり、だんだんと「うつ」状態のようになっていった。何をするのも嫌になり、意欲がなくなってきた。自分の行動すべてに自信が持てなくなってきた。

❇自分は「指導力不足教員」なのか

修学旅行後、子どもたちの私に対する言動はだんだんエスカレートしていった。指示がおそかっ

たり、板書の字をまちがったり、子どもたちを注意すると、

「死ね、ハゲ、教育委員会に言うぞ」

「体罰やめろ」

「教師やめろ」

などと、一部の女子と、それに同調するように数人の男子が暴言を吐くようになった。教室においてあった私の筆記用具が壊される、私の靴が隠される、私に対する攻撃で一体化するようになってきた。だれがしたのか明らかにならなかったが、六年から持った女子が中心になり、五年のときに担任していた男子が加わり、他の子どもたちはなんとかしてほしいと思いつつ、傍観しているという感じだった。


授業が成立せず、子どもたちの人間関係も殺伐としたものになっていった。しかし、こうした子どもたちの行動も他の教職員の前ではおこなわれず、私の前だけ「悪態」をつくという事態だった。五年のときに私にいろいろなことを相談していた男子が私に反発するようになり、私はとまどってしまった。私はわらをもすがる思いで必死に教育書を読んだ。

——「崩壊しない学級」は「崩壊する学級」とどこが違うのか。答えは、シンプル。教師が違うのである。(注3)

——学級崩壊や授業困難に陥っているクラスは、ボスザルが子ザルによってたかって権威くず

しにあっているのだと考えられます。（注4）

まさに、本に書いてあるような事態が進行していた。私は、「もう、だめだ。このままではやっていけない。学級崩壊になる。教師失格だ」と思いつめ、休日も外出するのもいやになってきた。以前、悩んでいる人から相談を受けたとき、「誰でもが指導力不足の側面をもっているから、そんなに落ち込まないで」と何回も語っていたのに。自分自身の問題になると、知っている人に会えば「子どもになめられている、指導力不足教員だ」という眼差しで見られるに違いないとまで考えるようになった。一〇年間、毎月かかさず続けてきた地域の教育科学研究会（教科研）の学習会も開催することができなくなった。自分の好きなことまでやる気がなくなってきた。

❇職場の仲間にすべてを話す中で

六月の後半、自分ひとりの力ではどうにもならないので、私は自分自身の気持ちと学級の様子を、すべて話すことにした。管理職、学年の同僚、職場の仲間すべての人に。

子どもたちが荒れてくると、授業のみならず器物の破損がおこったり、給食の食器の返却が乱れてきたので、給食調理員さん、用務技手さんにも実態を素直に話した。子どもたちの攻撃性の背景には人間関係の不安定さや、甘えの構造が考えられるが、私自身の指導の弱点も当然あるわけだから、自分自身の分析も含めて、職場の研究会や個別の相談もできるだけ詳細にするようにして意見してもらうようにした。

子どもとの間に安定した関係ができている場合はクラスの様子を報告することはそんなに苦痛にならないが、学級崩壊状況となると、自分の力不足を語らねばならないので正直ためらいもあった。ともすると、状況をリアルに語る前に、あいまいな形で報告しそうになった。

しかし一方、困難な課題をかかえた子どもが数人いるので、学級が大変になっていると話したい自分があった。けれども、それでは共通の理解にはならないので、私は自分の弱点、教材研究の不十分なところ、子どもとの信頼関係をつくる上での人間関係、子ども理解の問題、クラス集団の発展の見通しの甘さなどを具体的に報告した。同時に、現在の事態をなんとかしたいという思いと、「うつ」的な状況になり、体に不安があって休みたい気持ちになっていることも隠さずに語った。

そうすると管理職をはじめ、職場の同僚はいつも私の体のことを心配してくれて、時間の許すかぎり複数で授業に入ってくださり、他の同僚も援助してくれた。

職場の仲間は、私が話し出すと、いつも状況を聞いてくれたし、励ましてくれた。

「納得いくまでやって休むんだったら、その選択も考えたらいいやん」

「何もできないけど聞くことはできるよ。無理しないで」

「父母にも状況を話して一緒に取り組んでもらったら。今までの取り組みに自信を持って」

いろいろな助言をしてもらった。私は自分の悩みを聞いてもらううちに日頃、あまり話せない他学年の同僚と今まで以上に話せるようになった。そして職場の仲間が教師を続ける上で同じような悩みをもちながら仕事をしているんだということをあらためて再認識した。子どもと教師の関係、教師を続けることの悩みなど。まさに老若男女問わず、共通の問題として。

❇父母にも正直に話そう

学級の様子を父母にも正直に話すことにした。

「吉益さん、父母とともに進める教育があなたの真骨頂やろ。子どものいいことも悪いことも語り合って実践してきたやんか。自信を持って父母に協力を頼んでみな」

自信をなくしていたときだけに同僚の助言は涙が出るほど嬉しかった。しかし本音は、何からきりだそうか、わかってもらえるだろうか、と不安でいっぱいだった。子どもたちの実態を正直に話す、私自身のいたらなさも語る、一緒に子育ての方向を考える、父母の悩みを聞く——、そういった視点で可能な限り、学校が終わってから家庭訪問をした。

どの父母も学校での子どもたちの様子は初耳だと言われ、暴言や「問題行動」については家庭のしつけの問題として考えるので、学校でのことは「先生、思い切り叱ってください」と全面的な協力を約束してくださった。父母の言葉に勇気づけられた。

しかし、子どもたちは「親にちくりやがって」とますます私に対する反発を強めていった。悪夢のような一学期が終わった。夏休みになり、やっと精神的に落ち着くことができた。

❇校長・教頭と共に「いじめ・暴力」の特別授業

九月の体育大会は学年の取り組みが多くなり、子どもとの関係に変化はなかったが、どうにか終了した。体育大会の練習の写真を貼ると、相変わらず私のところがひきさかれていたり、指示が入らないという事態は続いたが、学年や全校の教職員の協力でのりきることができた。

一〇月になり、体育大会が終了すると、子どもたちの私に対する暴言がエスカレートしてきた。ある日、社会見学の資料を配ると、ふざけた子どもたち数人が、私めがけて紙つぶてを投げるという事件が起こった。私は子どもたちを制止させて、その後、生活指導部と相談して、「いじめ・暴力」の授業として、子どもたちにのぞんだ。それは学年、校長、教頭も授業に参加してくれて一緒につくった特別授業だった。

校長・教頭が私に対する「暴力・いじめ」の事実を語る。いじめられた経験がないか問題提示する。私自身の気持ちを語る。泣き言や激高するのでなく事実を迫力でもって語る。いじめる側の人の気持ちを分析する――といった内容で構成した。

子どもたちは不安定な人間関係、私への不安、自分の気持ちなどを素直に書いてくれた。その授業のあと少し、子どもたちの言動が穏やかになった。私に対する暴言を重ねていた女子は、そのときの感想を次のように書いていた。

自分が

私は先生のクラスになったときはなんとも思っていなかった。でも一カ月位たつと、周りも友だちも、「うざい」「きもい」と、言っていて、いじめられるのがいやだったから私も一緒になって、「死ね」とか言ってた。

そして本当に先生のことがいやになっていて何か言われると、「ひいきや」とか文句言ってたし、先生のふでばこの中に虫をいれた人をみても「もっとやれ」とか思っていた。

先生が授業中　何人もきたとき（先生がつれてきた）そう思っていました。けれど今日よくわかった。先生が悪いんじゃなくて自分が悪いと……

人間だからちゃんと気持ちがあるのに、その気持ちも考えないでやった自分がすごくイヤやと思う。皆がやったから私もやったではすまされないことやと思う。

皆（周り）に流された自分がだめやった。これから残り少ない学校生活、めいわくをかけなく楽しくやっていきたいです。もうこんなことはしたくないです。

周りに流されず自分の意見をしっかりもちます。

❇「ちくったな、教師失格や」

一〇月の後半、私に暴言を言う子どもたちと個別に可能な限り話した。「いじめ・暴力の授業」のあと、数日間は子どもたちはおちついたように見えた。しかし、数日たつと、

「校長や教頭に言いやがって」

「一人では何もできないから他の先生が教室にくるのやろ。教師失格や」

私の自尊心や教師としてのプライドは子どもたちの発する言葉からずたずたになるようだった。以前なら、すぐ切り返せたのに十分言い返すことができない自分自身にイラダチやら情けなさやらで、どんどんおちこんでいった。その後、一一月に緊急にもたれたクラス懇談会では、

「子どもたちの気持ちをわかってほしい」

「厳しい指導が必要ではないか」

「いじめの授業より楽しい授業を考えてください」

父母の要求は当然であった。協力するといっても学校では私が子どもたちと、どうかかわるかということだから、進展しないクラスの状況に不満をもたれるのは当たり前であった。いくら状況をリアルに語っても、具体的事実でもって子どもやクラス集団が変化しなければ、父母の側か

らすれば支持のしようがないのである。父母との協力、口で言うのは簡単だが、現実はなかなか大変である。特に荒れた状況のときは。

途方にくれた私は職場や京都教科研の仲間に何度も相談した。ここでもたくさんの励ましの言葉をもらった。

「何を言っても弁解になるからじっと耐えてたんやろ、つらかったな。体を大事にして」

「うまくいかないときはそういうもんや。あせらんと。しんぼうやで。そのうち良いことがあるで」

「よく、それだけ苦しいこと、つらいことをみんなに話せるな。そんなこと、なかなかできないよ」

「事実から逃げない。リアリズムの教育やろ。頑張って」

病院や薬を飲まず、私が学校を休まずに登校できたのは、何よりも職場や研究会の仲間の眼差しがあったからと思う。話さなければとても続けられなかった。話して受け止めてもらえる仲間の存在が大きかった。

❇ひたすら卒業を待つ日々

ちょうどこの時期、私は長年の希望であった夜間大学院に入学し、自らの実践を分析、検討しながら研究を進めることにしていた。しかし、学級が困難になり、通学も難しくなってきた。同時に大学院にいく気力もなくなってきた。

しかし、それではますます、落ち込むだけなので、なぜこういう事態になったのか、大学院でも可能な限り事実を話して研究者の側からの忌憚のない意見を聞くことにした。そうすると、ここでも過去の体験の中で同じように悩んでおられる方のいることを知った。

そうして語るうちに自分自身の心の重荷が少しずつ消えていくようだった。結果的に大学院を途中でやめずに通うことで私自身の精神的安定が保たれたと思う。

しかし、四月当初、私は学校の生活と大学院の両立が十分できず、学級の子どもたちより夜の大学院の生活に心が傾いていたのだと思う。はじめは私の大学院の生活を応援していた子どもたちも、中途半端な私に口にはださないが、厳しい眼差しを注いだのだと思う。出会いのときのつまずきは皮肉にもここにもあったと思う。

学級の状態は一進一退で、なかなか再生することができなかった。学級崩壊状態から再生したということでもないし、「荒れた」クラスを建て直した経験でもない。三学期になると、今まで傍観していた子どもたちも私に反発するようになった。特におとなしい子どもたちが激しい攻撃的な言葉を私にかけるようになってきた。今から思うと、荒れた学級状況の中、自分を守るために、あえて私に対して攻撃的な言動を発していたのではないだろうか。

私は指折りかぞえて卒業式を待っていた。不謹慎にも子どもたちとの別れを惜しむのでなく〔あと何日したら終わりや、これで別れられる〕と思って耐えていた。

卒業式は多くの教職員の協力や援助のもと、子どもたちは大きな声で歌い、堂々とよびかけをして整然と行うことができた。

卒業式が終わり、学級で私は最後の言葉として、子どもたちに、

「失敗したり、うまくいかなかったときこそ、よく学んで次にいかしてほしい」

と言うのが精いっぱいだった。とにかく自分が休まず、子どもたちを卒業させたというだけである。

❇残された課題

坂元忠芳氏（東京都立大学名誉教授）は「『荒れているクラス』を観察すれば、観察者と実践者とはほとんど重なってくる。『荒れ』をまえに呆然として突っ立つ教師もまた、冷静にまるで地獄絵の中で観察する実践者としてこの関係の動きを見なければならない」（注5）と書いているが、まさに自分が夢の中で何回も見た姿と重なった一年であった。同僚や友人から、

「よく地獄のような一年を耐えたな」

「病気にならないでよかった」

と言われたが、学校長、職場の同僚の支えのおかげでなんとかもちこたえられたと思う。つらい一年だったが、今まで見えていなかった自分の弱点や問題点が認識できた一年でもあった。卒業させた子どもたちに楽しい思い出が残せたか、父母に安心できる学校、学級であったかというと、後悔ばかりが残る。

もし、そのときの子どもたちと再会したとき、私自身が教師という仕事の難しさと生きがいをどれだけ素直に語れるか。今、ふりかえれば「荒れて」いた子どもたちが私の前でだけ悪態をついたというのは、さまざまな原因が考えられるが、いろいろな不満や甘えを私にぶつけていたともいえるからである。

子どもたちの言動から、私が学校に行くことが苦痛になり、何度も休みたいと思ったことから矛盾するようだが、「先生、何とかしてくれ」「私をもっと見てくれ」という叫びだったかもしれない。それをうまく受け止められなかった私自身の課題として残されたように思う。

(この原稿は『教育』(国土社)２００７年１月号「今、教師を続けるということ」に加筆・修正したものです。)

〔注１〕拙論「教師の指導力について」２００２年「京都民教連通信」70号
〔注２〕拙論「教師の苦悩と生きがい」１９９６年１月号『教育』(国土社)
〔注３〕「崩壊しない学級はここが違う」(２００６年「ＴＯＳＳ横浜」明治図書)

〔注4〕「一斉授業の復権」（2005年／久保斎著・子どもの未来社）
〔注5〕「恵那の教育実践」（2000年「恵那の教育」資料集1／桐書房）

付記

子どもたちはなぜ荒れたのか、時を経て見えてきたこと

吉益　敏文

三月に子どもたちを卒業させて四月、一〇年ぶりに職場を変わった。一三年ぶりの四年生である。中間休みに子どもたちとドッジボールをすることになった。一緒に遊んでいると子どもたちが、

「先生、ドッジやる？　無理したらあかんで」

と言ってくれた。必死にボールを投げると、

「先生、本気だしたらあかんで」

とも言ってくれた。そんな言葉が嬉しかった。嬉しい言葉をかけてくれたと思ったら一方で、

「先生、定年まであと何年？」

とシビアな言い方もする。若い先生が多いからかもしれないが、子どもにとっては自分の父親よりずっと年上の人に見えるのだろう。いずれにせよ、子どもたちに信頼される教師になるには、いくつになってもこれで終わりというものがない。

❈若い教職員の学習会からもらったメッセージ

人に語り、文に書いたりして時間がたつと、ようやく当時のことをさらに客観的に振り返ることができるようになった。人に語ると、なぜか「大変やったな」と笑いながら反応してくれる。そしてその人の失敗談や、つらかったときのことを話してくれる。つらかったこと、苦しかった体験の共有ができた。

しかし、今でも当時のことを夢にみる。子どもたちに出会ったらなんと言えばいいか、また嫌なことを言われるのではないか、父母に会ったら何を語ればいいか、冷ややかな目で見られるのではないかなどと思ってしまう。

ただ、当時の同僚に会うとホッとする。自分の一番大変だったことを知ってくれている人たちに再会したという気持ちになる。大変世話になったので、今でもうちとけて話すことができる。転勤してからの私の体のことを気遣ってくれる。感謝にたえない。

精いっぱい、今の持ち場で頑張ることが、当時の子どもたちと父母に対する私のメッセージになるのではないかと思っている。無理かもしれないが、いつか当時のことを振り返って自然に、子どもたちや父母と語り合うことができればと考えている。

先日、若い教職員の人たちの学習会に参加する機会があった。私が当時の様子を話したあと、ある方からこんな感想をもらった。

「過去と他人は変えることはできないけど、未来と自分は変えられる。だから頑張ってください」

メッセージのような嬉しい言葉だった。自分の困難な状況を話す中で、あらためて、大変な状況に遭遇しても誠実に実践されている人たちがたくさんおられるということを理解できたのも、私にとっては大きな収穫であった。過去の自分のつらさ、苦しさを語ることは大変なことだけど、お互いが語り合う中で、新たなつながりができてきた。教師になった初心を忘れずに、迷いながらも可能なかぎり、これからも現場の中で学んでいきたいと思う。

以下は前記の手記執筆からしばらくして時間を経て、さらに私なりに見えてきた思いを綴ったものである。

❇子どもたちの暴言に心が萎える

私は、クラスが学級崩壊状況になったとき、管理職や加配の同僚に複数で教室に入ってもらった。私が授業をして、そばで見てもらうという体制を学校全体でとってもらった。私ひとりの力では指示が入らないし、集団をまとめることができなかったから、私にとってはありがたかった。一人ではどうすることもできなかったので、わらをもすがる思いだった。

しかし、半面、ずっとまわりから注視されているというのは緊張するものだった。子どもとの信頼関係がうまくいかないときは、何をやってもかみあわないし、授業はもりあがらない。まわりに私以外の教師の目があるから、一定、静かになるが、形の上だけだから響きあうものがなかった。子どもたちは、

「ひとりでは何もできないから他の先生をよんでくるのか。自分でやれ」

「教師失格や、やめたらいいのに」

何か注意すると、

「教育委員会に言うぞ」

ときこえよがしに叫んでいた。（注1）

子どもたちからこんな言葉をかけられると正直、心が萎えた。学校には行きたくないし、体重はどんどん減るし、何をするのもやる気がなくなった。

「さっさと休んだらいいのに」

「休むまでやるぞ」

エスカレートした子どもたちはそんなことまで言うようになった。休むというのもひとつの選択肢だったが、私は休まなかった。（私は、状況によって休職するのは教師の健康上必要だし、ありうることだと思う。困難な状況に陥った時に休むことも大切だ。）なぜ、休まずに仕事ができたのか。それは職場の仲間の支えが大きかったからだと思う。

✻一人では何もできないけれど

子どもとの関係がうまくいかなくなると、父母の反応も厳しくなる。はじめは支持してくださった父母も、

「子どもになめられています。きびしさがたりないからです」

「子どもの言い分をしっかり聞いてください。やる気があるのですか」

どれもこれも、本質をついているので反論ができず、つらい日々が続いた。

私はまず、学年の同僚に状況をくわしく話した。組合活動でも一緒に苦労をしてきた方で、

「子どもたちが『一人では何もできんやろう』と言ったら、集団でつるんでいるんだから、『先生も集団で対応してる』と言えばいいよ」

「吉益さん、話すことは得意なんだから自信をもちや。体は大事にして」

と励ましてくれた。そして生活指導部にたえず問題提起をしてくれた。

小学校の場合は、学級担任が全てをみるために全責任を負っている。どうしても、子どもとうまくいかなくなると〔自分の力がたりないから、はずかしいことだ〕と思って自分を責め、自分の殻にとじこもってしまう。そうすると事態は進展しないし、ますます悪くなる。できることなら自分の否定的な事象は人に話したくないのが本音である。心がつらくなり、自分に自信がもてなくなる。しかし、一人で悩んでいるだけでは、何も解決しない。

生活指導部で話してもらったことは、職員会議や研究会で論議してもらった。私自身が語りきれないことは他の同僚が話してくれた。はじめは、自分の恥のように思ったり、無力感におしつぶされそうになった。けれど、みんなの前で事実を話していくと気持ちが楽になった。

子どもとの関係つくりがスムーズにできないということは、私自身の指導上の問題や弱点があることは明らかである。その上にたって、だからこそ打開の方向を見出すために、同僚の知恵と力を貸してもらうという発想にたつようになった。

さらに自分ひとりでは何もできないけど、正直に自分の悩みや苦悩を語れば、必ず人は助けてくれるということもあらためてわかってきた。

管理職にも素直に実情を話した。自分の今後の方向と悩みを語りもしたが、文書にもまとめて報告することにした。悩みを聞いてもらい、自分で書きながら整理していくと気分的にも楽になった。

今まで、あまり話さなかった職場の仲間ともじっくり話すようになった。私自身が、何度も同じことをくりかえして話していたので、聞く側の方はなかなか大変だったと思う。しかし実践上、大変な事態になっているのに平静をよそおって、何も語らなかったらもっと精神的にまいっていたと思う。実際に「うつ」的な状況の一歩手前の状態だったのだから。

職場のあらゆる立場の人に話しまくった。用務技手さんは、

「だいぶ、教室が荒れてるみたいやな、体、大事にな」

給食調理員さんからは、

「先生、大丈夫ですか。給食、多いめに入れといたからしっかり食べてくださいね」

恥ずかしいやら、情けないやら、はじめはつらかったが、次第に、その様々な声かけが自分自身の励ましになっていった。

❇子どもたちの中の甘えと「攻撃性」

子どもと教師の信頼関係が成り立たないと、子どもに対して指示が入らないし、子どもが教師に相談するということもありえない。私は、子どもたちが私に対して発する言動、誹謗、

中傷、暴言の数々に対して、当時は、子どもたちの攻撃性という形で分析していた。しかし、よく観察してみると、今まで私に対してよく話したり、相談して慕って（？）くれていた子どもたちが、集団の荒れと比例して、一番、反発したり批判的になっていた。

もちろん、はじめから「反抗的」な行動をとっていた子もいたが、子どもたちは他の教師に対しては特別、反抗的な行動をとったりしなかった。子どもによっては、怖い教師、優しい教師に対する態度が変わるということはありうることだ。しかし、このときは、私に接する態度と他の教師に接する態度が集団的にあまりにも異なっていた。私の前では「死ね」と叫ぶのに、同じ学年の教師や校長に対しては、敬語を使うということがひんぱんにあった。

同僚との話し合いで、

「吉益さん、あなたに甘えてるんやで」

「いろいろ悪態をついても、子どもたちに暴力をふるったり、威圧的に押さえようとしないことを知っているんやで。だから悪態をつくんやで」

当事者の私にすれば、つらくて苦しいことだったが、なぜ子どもたちがこういう行動をとるのかという複眼的な見方ができた。矛盾しているようだが、

「先生、なんとかしてよ、こんなはずやないよ」

「私のこと、もっと好きになってよ」

「今までの元気な先生になってよ」

という心理の裏返しではなかったかと、今になって思うようになった。「荒れてる」状態で、私を支持するような態度に出れば、「いじめ」の標的になるかもしれなかったから、ある面、自分を守るために反抗的な態度をとることが、そのときの賢明な方法だったのだと思う。

私自身の見通しの甘さや、指導の弱さを棚にあげて虫のいい言い方だが、私に対する甘えが子どもたちの「攻撃性」となってあらわれたのではないだろうか。そんなふうに思うようになった。〔しかし当時は、子どもたちのこれらの言葉に傷ついたし、自信もなくなり、体重が極端に減っていった。時間が経つ中で考えたことである。〕

私は、子どもたちの生育暦を調べる意味で、過去に低学年、中学年で担任されていた同僚、今まで一緒に学年を組んだ人たち、転任された方にも話を聞いてもらった。

「本当に教師がきらいで、何も思っていなかったら、子どもたちは何もしない」

「ある面、子どもたちは試しているのと違うかな」

いろいろな分野からの意見は、子どもに対する見方を大局的に見る上でも、子どもを理解する上でも、自分自身の気持ちを落ち着かす意味でも役にたった。事実をリアルに話すということは、すぐに問題解決にならなかったが、私自身の力になったように思う。

もちろん実際のところは、「卒業まで、あと○日だ」「なんで、こんな目にあわねばならないのか」「休みたい、学校に行きたくない」という気持ちが何度も交錯していた。ただ長い教師生活で、こんなことを体験するのもムダではないし、必ず次にいかしていこう、ここでへこたれてたまるか、と考えた。実際の局面は一進一退でなかなか変えることはできなかったが、あきらめないことも思いとしてはあった。

❇父母のシビアな意見の裏側は

父母の意見も「男の先生に持ってもらって期待しています」「やっと先生に持ってもらってうれしいです」といった四月当初の声から、「存在価値があるのですか」「授業がおもしろくない。指導力がない」と変化した。まるで天国と地獄のような局面だった。しかし考えてみると、父母の意見の裏側も、

――先生、何とかしてください。学校では先生が頼りなのですよ。

――私たちにできることはしますよ。頑張ってください。

という願いの反映だったかもしれない。緊急クラス懇談会で参加者の多くの方から、厳しい批判の声が出たが、別の場所で、

「先生、なんにもあの場で応援できなくてすいません。先生のやり方はまちがっていませんよ。体、大事にしてくださいね」

と声をかけてくださる方もあった。教師という仕事はそういう意味では厳しい仕事である。普通の状態で当たり前、うまくいかなくなると徹底的に批判される。

「ある面、教師はアイドルのようなものよ」

と、年配の女性の教師から聞かされたことがある。たしかに私のような定年まじかな「おじいさん教師」（子どもたちの年齢からするとそうなってしまう）に対しても、「せんせ～い！」と遠くからでも手を振ってくれる。そんな職業は他にはない。子どもたちとの関係が一定うまくいっている時のことだが。いったん信頼関係が崩れると、もうボロカスである。まさに極端だけれど、アイドルと同じような側面をもつ仕事である。当時は（父母の期待に応えられなかったので、大きなことは言えないが）とにかく最後まで誠実に子どもと向き合うことだけを考えた。

自分の実践がうまくいっているときは舞い上がって父母の思いが見えなくなる場合があるが、逆にうまくいかないときでも父母は支持してくださるんだということも身にしみて感じた。どんな時も自分の実践に対して、舞いあがらず、おごらず、落ち込まずと、日頃思っていたことをあらためて痛感した。（注2）

✻それでも教師が続けられるのは

毎年、四月になると、「また今年一年無事に仕事ができるだろうか」という不安感と、自分自身の気力を充実させるのに時間がかかる。同期の仲間が一人、二人とやめていく。ある人は親の介護で、ある人は体力・気力が持たないと言って現場を去っていく。その理由が何であれ、今まで一緒に仕事をしていた仲間がいなくなるという、いいようのない焦燥感と寂しさが去来する。

そんなとき、自分がなぜ教師になったのか、教師としての生きがいとはなんだろうか、もう一度、原点に返って考えてみる。うまくいかないこと、失敗したことが圧倒的に多いのだが、やっぱり、子どもたちの笑顔、父母のひとこと、仲間の励まし、そして何よりも自分が担任している目の前の子どもたちが好きかどうか、どんなに大変でも、どんなにてこずらせても、かわいいなあ、と思い続けられるかどうかが、試金石のように思う。

私の場合、そのどれか一つのことがあったから、今まで教師を続けられたのだと思う。

❇失敗や悩んだことをあえて語る

とはいえ、教師の仕事に対する世間の風は向かい風である。「指導力不足教員」「優秀教員」というふりわけ、教職員評価の中で、いかに黙々と効率的に仕事をし、子どもを指導できるか、学習規律、生活規律が確立され、子ども同士のトラブルを一切おこさせない教師が、力のある教師（注3）という風潮が強く働いている。そうでない教師は「給料どろぼう」ということで即刻辞めてもらえばいいという流れがある。

私などは客観的にみれば、完全な「窓際族」ということになるだろう。若い教職員の人たちは、あまり職員室でも子どものことを語らず、ましてや失敗したことなどは話さない。私は自分自身の経験からだが、教師が教師として成長するときは、失敗したときや、うまくいかなかったときを振り返る中で鍛えられるのではないかと思う。

もちろん授業の力量をあげること、生活指導できめ細かくみていく、学級集団を高めていくことなどは必要なことだが、数値目標や効率だけで成果をあげることに奔走するのでなく、目の前の子どもたちの事実で悩み、喜び、仲間と父母と共に語り合う。そんな教師として生きる姿が大事なのではないかと考えている。

今、私は、自分の悩みや失敗を、むしろ積極的に多くの人に話すことを意識的にするようにしている。勝手な思い込みかもしれないが失敗や苦悩を語り分析することが、自分のスタイルだし、現場で生きる今、自分にできる仕事ではないかと思っている。そして私が自分の失敗や悩んだことを話すとなぜかしら、その場にいた人はよく笑う。そして、同じようなつらい体験や思いをあとで話してくださるのが共通している。京都教育科学研究会の野中一也代表は、私がいろいろ相談すると、

「人生、なるようにしかならんよ。そんなに落ち込まんと」

と、よく言われる。なんとなくその考えというか、思想がわかってきたように思う。

❇四年ぶりの再会

あれから四年たった。私は偶然、病院で当時の学級の子どもと再会した。当時、私に「死ね、消えろ」と罵声を浴びせていた子だった。〔何を話そうか〕ともじもじしている私に、彼は、にこっと笑って、

「先生　どうなされたのですか」

と声をかけてくれた。

「ちょっと、つまずいて足を捻挫して」

と言うと、彼は、

「そうですか。ところで、おいくつになられました?」

と聞いてきた。

「五八歳、定年まであと二年だよ」

と言うと、また笑って聞いていた。いろいろ話そうと思っていたのだが、ちょうど私の診察になったので、話はそこで終わった。

「お大事に」

彼は病院を出て行った。たったそれだけのやりとりだったが、私はものすごく嬉しかった。最近、やっと当時の学校の近くを歩くことができるようになった。

（この原稿は、『教育』（国土社）２００７年11月号「一人で悩まないで、思いを語り聞いてもらって」に加筆・修正したものです。）

〔注１〕拙論「今、教師を続けるということ」『教育』２００７年１月号
〔注２〕拙著『子ども、親、教師すてきなハーモニー』１９９５年／かもがわ出版
〔注３〕『教師の子ども理解と臨床教育学』田中孝彦著・２００６年／群青社

分析

苦難をくぐり抜ける道を探る
――吉益先生のケースから学級崩壊と子ども世界を考える

◉都留文科大学講師　山﨑　隆夫

1、「荒れる」子どもたちと向かう日々

吉益先生の率直で正直な実践記録を読んでいると、私の身体の中に、教師として生きることの基盤がゆらいでいくような不安な感情がよみがえってくる。かつて私も「荒れる」子どもたちと向かい合い吉益先生と同じような体験をしてきているのだ。深い共感を持って読んだ。

彼は次のように書いている。

「五月の後半から学校にいくのが苦痛になってきた。なぜ、あの子があんな行動をするのか、何が原因なのか、私の何が問題なのか」

「やることなすことがうまくいかず、子どもたちとの関係がまずくなり、歯車がかみ合わなくな

り、自分の気持ちが萎えていった。何もする気がおこらないという日々が続いた」と。

私は、「荒れる」六年生を一年間担任した。七、八人の子どもたちが授業に集中しないで席を立つ。勝手におしゃべりし、ロッカーや床に寝転ぶ。教室を飛び出し、屋上や体育館に隠れた。ハラハラするような危険なこともしでかした。校内の教師たちが注意すると反抗し暴言も吐く。一学期は何とか乗り越え事態が好転したかと思ったが、夏休みを過ぎて二学期になると、激しいゆり戻しがあった。

一日一日、子どもとのやりとりの中で神経が磨り減って行く。家を出るとき鏡を見つめ「今日も元気でやろう」「この顔で行こうか」と決意し、扉を開ける。子どもたちは、規範やルールを破り攻撃的なのだけれど、担任の私に対しては甘え、彼らに会うことは嫌ではなかった。しかし、教師としての当たり前の日常が築けないことは辛かった。ときどき、身体に震えがくる。駅に向かう途中の道で空を見上げてポケットの中でこぶしを握った。

毎朝、五時に起きて一日のシミュレーションをする。朝の会、楽しい話をしよう。二時間目の体育、着替えない子どもたちをどうするか。三時間目の理科、実験に集中させノートに記録させる。休み時間や掃除の時間、子どもたちが校舎から抜け出し隠れたときはどうするか。

そんなことを考える。しかし、現実はうまくいかない。その度に落ち込む。帰り道、家に真っ直ぐには帰らないで喫茶店に寄る。手帳をだして一日を振り返る。一時間目バツ、二時間目バツ、四時間目……、賢治が突然起き上がって発言した。太一も集中した。あのときクラスにどっと笑い声が起こった。マル！　ここに希望があるじゃないか。明日も頑張ろう！——こんな具合だった。

2、学級崩壊と子ども世界
——子どもの苛立ちの背後にあるもの

私は、長い教師生活の経験から「学級崩壊」について、いくつかの特徴があるのではないかと考えるようになった。それは子どもたちの状況や時代の変化と関係している。以下、そのことについて触れながら、「学級崩壊」と今日の子どもの生きる姿について語ってみたい。

①生き方を問うような反抗・抗議型

一九八〇年代の初め頃、中学生の校内暴力と連動するかのように小学校の高学年でも子どもたちの「荒れ」が始まった。それは、有無を言わせない教師の管理や圧力に対する反抗であったり、学校の不当な秩序に対する子どもなりの抗議の表明であったりしたが、一方で、他校を力で支配しようとするような暴力的傾向も伴っていた。

この時期の子どもは「学級崩壊」というよりも、思春期の入り口に向かう人間的な自立の時期を、価値の相対化する社会の中で時代の閉塞や形骸化した学校秩序の壁と向き合い、傷つきながら自己の生き方を問うような姿が見られた。攻撃的ではあったが、共感や対話を通し、新たな生の歩みを刻んでいく可能性もあった。

こうした形の「学級崩壊」は今日でも見られる。子どもの声を無視し、教師の力による教室支配や指導という名の差別的対応などに対し、異議を申し立てるかのような子どもたちが荒れる場合である。

②受験圧力・子ども期の喪失・肥大化した欲望などによるストレスの強まり＝自己喪失型

「学級崩壊」がマスコミなどのメディアで大きく取り上げられるようになったのは一九九〇年代の後半からだ。当時を振り返るとき、子どもたちの世界に何が起きていたか。学校への信頼の構造が大きく揺らぎ始めていた。学ぶことに対し傷つくことが多く、不快な感情さえ生まれてくる。希望のない自分が見える。「勉強することにどんな意味があるのだ」と、子どもたちの「学びからの逃走」が始まった。

一方で、この時代を〝勝利者〟として生き抜くための激しい進学競争に子どもたちが巻き込まれる。都市部を中心に多くの子どもが私立中学への受験を選択する。こうした〝人生の成功〟に対する圧力は、子ども世界の豊かな時間や仲間関係を奪い、子ども期の喪失はいっそう強まっていく。加えて、労働や他者との共存を大切にする価値が失われ、消費欲望の世界が煽《あお》られる。子どもたちのストレスは激しい苛立ちとなって体の内部に蓄えられた。

それは、これまでの古い伝統を持つ学校秩序と対立し始める。一二歳の少年や少女にとって、やり場のない怒りの矛先をどこに向けていいか分からない。自分の苛立ちやムカツキの原因が何であるかも分からない。「学級崩壊」が生まれる状況が、否応なしに準備されていたのだ。

実在感のない浮遊するような感覚、自己喪失感、あるいは私とは何かを問う飢餓感が、そうした状況下で生まれ、現在も続いていると見てよいのではないだろうか。

③幼い頃から孤立化・個別化し、傷つきやすく攻撃的な感情を生みやすい今日の子ども＝孤立化・個別化型

二〇〇〇年代に入って、子どもたちの生きる姿の形が変わってきた。個別化し、孤立してきているのではないか。自分が生きているということや、子どもとして育つことに不安や危機の感情を持ち始めてきていると言ってよいだろう。

今日の子どもを見ていると、大人や教師を越えるような鋭い感性を持ち、豊かな表現を見せる一方、「あれ、こんなこともできないの」「こんなことで傷つくのか」という場面とよく出会う。

教室の中で悲鳴をあげたり、隅に閉じこもったりする子がいる。また、「キレ」て自分を傷つけたり、友だちや教師を攻撃する子どもも現れ始めた。

こうした子どもの生きる姿は、いわゆる「よい子」たちにも共通している。また今日の教室は、虐待や家庭の貧困による困難を背負い、心身に傷を持つ子どもたちや軽度発達障害を持つ子どもたちも存在する。

子どもの納得できない思いや苛立ちが教室の一場面で表出されると、それが他の子どもの抱えていた苛立ちや不全感・不安感と連動し、強化され攻撃性へと転化する。これは、高学年だけにとどまらない。小さな一年生の教室でも起こりうる出来事と言えるだろう。

以上三つの型は、「学級崩壊」を考える上で、私なりに特徴を整理したものであり、実際はこうしたものが重なり合い、あるいはまた他の要因も当然からみながら、さまざまな問題として表れていると考えるべきだろう。

3、吉益先生の「学級崩壊」の実践記録から考えること

一読して、一年間よくぞ子どもの前に教師として、担任として立ち続けることが出来たと思う。

子どもの攻撃的な言動の矢面に立たされながら、自分を支え、仲間の教師たちに、教室の現状と自己の弱点を含めて正直に語り続ける姿は、深く胸を打つ。

教師にとって最も辛いことは何か。それは吉益先生自身が書いている。「さまざまな外的な圧力や障害より、子どもと教師の関係、いわゆる信頼関係が崩れることが最大のものである」と。その事態に彼は遭遇した。厳しさと辛さは想像を絶するものではなかったろうか。

この実践記録に見られる「学級崩壊」の特徴は、子どもたちの教師攻撃の激しさにある。授業中、私語が止まないばかりか、「意味不明」「ひいきや」と反発する。その言葉はかつて彼を信頼し、心を寄せていたクラスの半分の教え子たちからも生まれる。言動は次第にエスカレートし、「体罰やめろ」「教師やめろ」、そんな言葉まで飛び交う。

この貴重な記録から、私たちは多くのことを学ぶことができる。ここでは二つの点に注目したい。それは、「教師にとっての学級崩壊」と「子どもたちにとっての学級崩壊」という視点である。

①教師にとっての学級崩壊——この事態を教師はどのように乗り越えたか

子どもたちの反発や攻撃が教師に集中し続けるとき、ふつうの教師はそれに耐えられない。吉益先生にもそれはあった。「骨折でもして休めないか、病気にならないか」と考え、「体重が急激に減り、車で通勤しても学校に着くと、車からすぐに下車できない」状況となる。「何をするのも嫌になり、意欲がなくなってきた。自分の行動すべてに自信が持てなくなってきた」と。

彼はこの事態をどのように乗り越えていったか。

第一は、「職場の仲間にすべてを話す」という勇気ある選択をしたこと。管理職、学年の同僚、職場の仲間のすべての人たちに困難なクラスの状態を話していく。給食調理員さんや用務技手さんにまで話す吉益先生の姿に頭が下がる。

「指導力不足教員」というレッテルが貼られるような今日の教育現場のなかで、自らの困難を語るということが如何に大変なことであるか。しかし、このことによって校長や同僚の暖かな眼差しや励ましが生まれ、困難な事態への協力も得て、具体的に支えられていく。

第二は「学級崩壊」の只中にあっても、子どもや自己を見つめる目が外に向かって開かれていたことだろう。自分の不甲斐なさを追及することは、心ある教師であれば誰もが避けられない。しかしそれでは思考が内部に沈潜し、自己の責任ばかり問うことになる。心と身体は悲鳴をあげ、やがて病み始める。

彼は次のように書く。

「子どもたちの攻撃性の背景には人間関係の不安定さや、甘えの構造が考えられるが、私自身の指導の弱点も当然あるわけだから……」と。そして、職場の研究会に具体的に自己を隠さず飾らず話していく。これは、「学級崩壊」という事態に対する〝個別の眼差し〟と〝社会的な眼差し〟

とをあわせ持つ吉益先生であったからこそできた対応だと思われる。困難の中に、未来を見失うことなく対応できたことが彼を最後まで支えたのではないか。

②子どもたちにとっての学級崩壊をどう見るか

子どもたちは吉益先生に何を求めていたのだろうか。彼らの攻撃性はどこから生まれてきたのか。この問題を次に考えてみよう。私が注目するのは次の文だ。

「三三人の半数は五年から担任していたので、気楽な気持ちで四月を迎えた。しかし、何かしらしっくりいかない違和感があった。数人の女子とはなかなか気持ちが通じ合わないなあという感じを持っていた」

六年生の新しい学級のスタートの時点で「何かしらしっくりいかない違和感」や「数人の女子とはなかなか気持ちが通じ合わない」という感覚があったということ。これをどう見るか。

一二歳の子どもであっても今日の子どもたちは、自己の育ちに孤立感や不安感を抱えている。大人顔負けの鋭い批判や意見を述べ、おしゃれや持ち物に心を奪われるが、一方で生きることや進路への不安を持ち、幼子のような弱さや脆《もろ》さを抱えている。幸福を味わえていない子どもは、他者の自分に対する対応に鋭く反応し、ときには自己を傷つけ否定する。愛されることに敏感であるし、同時に愛される者への嫉妬の感情も強いだろう。

初めて吉益先生と出会った少女たちは、先生の一挙手一投足を震えるような眼差しで見つめていたのではないか。それは最初、先生を試すかのように、彼女たち特有の否定的な言動で表出されたものかもしれない。この出会いを何よりも大切にしたかった（私も当事者だったら、恐らくできなかったであろう）。

実際、彼女たちは、家族やこれまでの学校生活で傷つくことが多く、攻撃的な言動しかとれなかったのかもしれない。しかし、子どもの側から教師の側へ心を開き歩み寄ることは困難である。教師の側から胸襟《きょうきん》を開き、グループなどへの個別的な対応が必要であったのかもしれない。

小さなズレが子どもの心を離反させ、それが攻撃性へと転化していったのではないか。吉益先生が彼女たちに不利益を与えたわけではない。しかし、自分たちの生き辛さや不安感・不全感、寂しさ等の代償として教師が選び取られ、攻撃性の的になってしまったと考えられる。

吉益先生を慕っていた子どもたちも、あるときから彼に攻撃的な言葉をぶつけ始める。それは彼が書いているように、この教室の空気の中で生き残っていくためにはそうした態度をとらずにはいられなかったのだろう。信頼する教師が傷つく姿を見て、子どもたちの悲しみや怒りが逆転し、助長されたのかもしれない。

吉益先生は、学級の困難を乗り越えるために多くの仲間たちにその状況を伝え打開しようとしていく。その姿は尊い。だがそれ以前に、子どもたちの心の世界、鬱屈《うっくつ》するような思いや願いといったものをどのように聴き取るか、彼らと心を通わせ困難を打開し、共通の願いを子どもと一緒にどう実現していくか、そのことに真っ先に取り組むことが必要であったのではないか。

確かに、教師がこの対応をめぐっていっそう傷つくこともあるだろう。しかし「親にちくりやがって」とか、「校長や教頭に言いやがって」という声を聞くと、その背後に「先生、ぼくたちのことを真っ先に見てよ」という彼らの屈折した声や願いが隠されているような気がする。

「学級崩壊」を乗り越える手立てとして、もう一つ「子どもたちに誇りを伴うような豊かな学びの世界どう保障するか」という問題がある。

教師に対する攻撃性が強まるとき、教師は何によって子どもと対応できるか。それを考えたとき、差別やいじめ問題を通した真剣な子どもへの対応と「豊かな学びの世界に子どもを誘う」ことによって「教師に対する尊敬」を生み出したい。

攻撃や冷やかしの対象となる先生が、実は魅力的な物語を授業で展開したり、必死に何かを伝えようとしたり、子どもの声に瞳を輝かせることが分かったとき、子どもたちの教師を見る目は変わっていく。それは辛い道のりだけれど、子どもに生きることの変化を生みだすきっかけを創り出していくだろう。

吉益さんは、自己への攻撃を「いじめ問題」として捉え、一定の成功を見ている。この鋭く深い学びの展開を続け、子どもたちに教師への暖かな思いをつなげるメッセージを送り続けたかった。子どもは、一二歳の旅立ちに相応しい人間を信頼するような学びの世界と出会いたかったのではないか。

4、年配教師が困難に直面しやすいのはなぜか

年配教師の中に子どもとの良い関係が結べなかったり、「学級崩壊」などと出会い、早期に退職される方も多いと聞く。ここでは、その問題について考えてみたい。

すでに見てきたように、子ども世界は大人社会の変化を受けて、予想もつかないような状況下にある。年配教師が自己を形成した時代は、はるか遠い昔だ。

二一世紀になって一〇年が経つ。教室の子どもたちの多くは、そのわずか一〇年の間に誕生し、自己を形成してきている。ところが年配教師にとってこの一〇年は、過去に形成された人格の上に、適度な距離をとりながら受け止められる一〇年である。ここに大きなギャップが生まれてくる。五〇代の教師と一〇歳の子どもとの間には四〇年を越える隔たりがあるのだ。

例えば、教室の子どもが授業中「そんなの関係ねえ」とか、「どんだけぇ！」などと発言したとしよう。子どもは、授業のなかでテレビの一場面を思い出し、悪気などなく思わずつぶやいたの

かもしれない。しかし、年配の教師は、その言葉が自分の授業を否定する、あるいは笑いものにするような子どもの声として聞こえてくる。

子どもたちは、もちろん、授業の中で「きちん」とさせなければならない。しかしその思いが強すぎると、子どもの持つ楽天性や自由さ、揺れや逸脱が許せなくなる。拒絶や否定の対応が多くなる。子どもの抱える本当の悲しみや怒り、苦悩、あるいは今を生きる子どもらしい感覚や素晴らしさを捉えきれない。しなやかさに欠け、子どもとのズレが生まれてくる。良かれと思って注意し叱ったことが、鋭い反発や反抗となって返ってくる。教師と子どもたちとの溝は深まるばかりだ。

このことは、年配の教師だけに言えることではない。若い教師の中にも、あるいは今、子どもとの関係が上手に築けている教師であっても、新しい子どもとの出会いにおいて齟齬《そご》が生まれ、ギクシャクしてくることがある。

教師は、これまでの経験で作り上げた指導の「型や技」、教室はこうあるべきだという一つの「枠組み」を持って子どもに対応することが多い。年配の教師には、特にその傾向が強い。それは、自己の人生を支える〝誇り〟とも言えるからだ。

しかし、今子どもたちは、多様化した現代の文化の中で、教師が準備した、よかれと思うやり方や価値に対して、一人ひとり違った感覚でそれを受け止める。「この方法を使えば子どもはすべ

て集中し乗ってくる」という見方を、私たちは今疑ってかかる必要があるのだ。

低学年でも「なんでそんなことするの」「そんなゲーム嫌だ」などという声が必ず生まれる。高学年になってくると、教師が押し付ける教育技術に対し、苛立ちや反抗を重ねる子どもも生まれてくる。考えてみれば当然のことだ。権威ある一つの方法で子ども全体を画一的に指導しようとする発想がそもそも間違っている。教師のやり方に対して「イヤだね」と言う子がいて当然なのだ。

班作りなどの場面においてもリーダーの可能性が高いと、その子の表に見える優れた資質に教師は頼りやすい。しかし、現代はそうした子どもであっても、内面に深い苦悩を抱えているとみるべきだろう。その背後にある子どもの気持ちが聴き取られたり支えられたりしないと、子どもは傷つき深い痛手を負う。あるいは教師に、手のひらを返したように反発し始める。

では、どのようにしたらよいか。私は次のことを勧めたい。

子どもの指導にあたって、教師は高い目標や願いを掲げるのだが、いったんそれを置く。そして、今を生きる子どもの率直な声や願いを聴き取りながら、彼ら特有の表現・表出、今ふうの言動やこだわりを見つめ、その可能性を探っていく。そして、回り道や散歩道を楽しむように子どもと一緒に歩み続け、教師の願いを重ねていく。

さらにまた、授業においては、一人ひとりの子どもの内部に起きる葛藤やつぶやきを聴き取り、クラス全体の学びにつなげていく。そして、驚くような知的世界へ仲間と共に旅立っていくような学習が必要だろう。

5、苦しいときに、これだけは心に刻んでほしいと思うこと

私が「荒れる」六年生を担任したとき、最後まで大切にしたことがある。

第一は、「子どもを信じ、裏切らない」ということ。

「荒れる」子どもたちには良いときも悪いときもある。許しがたく叱る日も多かった。しかし、彼らの中にある「やさしさ」や「学びを楽しむ」姿も素敵だった。信頼し、再びこの日が来ることを願い続けた。子どもを「どうしようもない奴らだ」とは一度も思わなかった。子どもは傷つき、生き方の進路を踏み外し、悩みながら今私の前にいる。この子たちは必ず変わるという確信を持って対応したい。

第二は、「大切なことを優先し、誰かの目を気にして指導しないこと」

朝会の並び方が悪い。私語が絶えない。授業中、外に飛び出す。あるいは寝転ぶ。そうした行為の一つひとつを、周囲の目を気にして怒ったりしないということ。自らの教師としての立ち位置を守るための子どもへの「指導」は、傷ついた少年や少女たちにはすぐ分かる。「あれは、本当

に俺たちのことを考えて叱っているのではない」と。

要求すべきことは山ほどあるが、当面、人間として今どうしても迫らなくてはならない問題を焦点化して語る。同時に、子どもと今を生きることを楽しみながら、「ドジや失敗」もおおいに笑い合いたい…。

第三は、「うまくいかなくても、精いっぱいやったのだから仕方ない」と考えること。「いつか彼らが大きくなって人生を振り返り、ふと、子どもを信頼し、彼らの人生を支え続けようとした教師がいたこと、そのことに気づいてくれればそれでいい」と。

次に、心や身体にまで辛さを感じるときの対応について。

第一は、無理な相談会や対策会議には出ないで自宅に帰る。ときには喫茶店によって距離をおきバランスをとる。そして、転寝《うたたね》したり睡眠をとる。

第二は、最も信頼できる友とときどき出会い、自由に正直に語り合う。

第三は、現状を何かに書きとめ、客観的に事態を見つめていく。すべてダメということはない。どこかに小さな希望が見える。それを明日を生きる力にしていく。

第四は、教育とは違った世界を楽しむ。私の場合は静かに展開する小説を好んで読んだ。

第五は、どうしてもやっていけなくなったら勇気を出して「休む」。

「このまま消えてしまおう」などと考えるより「休むことだ」。たかだか一年休んだくらいで人生が終わるわけではない。教師として再び子どもの前に立てる日は必ずくる。そのときもう一度復活すればいい…と。

III

【手記と分析座談会】

教師人生の危機・学級崩壊

手記

はじめて転勤した学校で直面した困難

――今、自分にできることは何でもやってみよう

◉公立小学校教諭　花城　詩《うた》

❇「大物はいない」といわれたクラスの担任

教師になって八年目。初めての異動で、P小に着任した。P小は全学年四クラスと、その年にできた特別支援学級一クラスの大規模校である。学区内に駅や大きな商店街があり、経済的に豊かな家庭が多い地区である。

初日に学校へ行くと、「花城先生ですね。○○さんから、花城先生が来ると聞いていていました」と、数人の教師が笑顔で出迎えてくれた。初めて顔を合わせた職員も、冗談交じりに話しかけてくれ、とても雰囲気のいい学校だと感じた。これからの新しい教師人生のスタートに胸が躍った。

最初の職員会議で校内人事が発表され、四年生を担任することになった。噂では、私は一年生の担任と聞いていたのでややがっかりしたものの、四年生だって面白いだろうと、前向きに考え

た。その場で質問や意見を言う職員はおらず、発表された人事を皆それぞれ受け止めていた。（注・ずっと後になって分かったのだが、本当は別の教師がその学年を担任するはずだったが、前年、荒れた学年だったことなどから、直前で私と交代したとのことだった。また荒れた学年であることは誰もが知っていたはずなのだが、新しく赴任した私に、誰一人として実態を教えてくれる者がなかったのは非常に残念なことであった。）

前年度は四クラスの内、一クラスで授業が成り立たない学級崩壊が起きていたと聞いた。ただ、新任の先生だったからという、のんびりとした捉え方であり、学年が荒れているという話は全くなかった。また隣の席の先生に、この学年の子どもたちの雰囲気を尋ねると、「とっても元気な子どもたちですよ」という返事であった。（注・荒れや崩壊の実態を伏せる傾向にあるのもまた、P小の実態であった。）

そんなことから、やんちゃな子どもたちの姿を想像し、子どもたちに会えることが楽しみで仕方なかった。学級編成をした、前年度の担任からの申し送りは、「特に大物はいない。ただ、学習面での個別支援が必要な子が多い」とのことだった。他の三クラスにはそれぞれ荒れている子がいたので、私がその「大物のいない」クラスを担任することになった。

❇崩壊状態

三五人で学級がスタートした。新学期初日は、私が自己紹介や次の日の連絡をしている間も騒がしく、何も伝わらないまま一日が終わってしまった。そして一週間ほど経った頃だろうか。私に対しての暴言、揚げ足取り、授業妨害が始まった。私の全ての指示に対して、反発した態度をとるのである。例えば、

「教科書を開きましょう」

という指示に対しては、

「はぁ？　意味分かんねーし！　やりたくねー！」

「そういう言葉遣い、よくないよ」

という注意に対しては、

「今の言葉遣い、どこが悪いんですか？」

「独り言で言っただけなのにね！　独り言って、言っちゃいけないんですか⁉」

と複数の男子が担任を責めた。中でもマリオの悪態、暴言がひどかったのだが、彼を注意すると別の子どもが、

「先生がマリオをいじめてるー。ワルだー！」

とかばった。

また暴言や悪態以外に私を脅かしたのが、集団の冷たさであった。暴言や悪態の飛び交う中、周りの子どもたちは表情一つ変えず、何事もなかったかのようにその場に座っているのである。男子に注意をするとか、心配そうに私を見るとか、そういった反応がないのである。ただ彼らを見ていたり、知らん振りしたり。それは、私が冗談を言うなど楽しいことに対しても同じで、お互いに顔を見合わせて笑うといったこともないのである。子ども同士の関わりがなく、集団としての機能も感じられない、無機質な空間であった。それはまるで、カプセルに包まれた子どもたちが、その小さな空間の中でひっそりと生活し、時折カプセルが静かにぶつかり合うといった、不思議な感覚であった。

特に私には、子どもたちと一緒に悩むとか、一緒に困るといったように、気持ちを共有し合えないというのが何よりきつく、この寂しさは翌年三月の初め頃まで続くことになった。

一方で、子どもたちはおとなしくしているかといえば全くそんなことはなく、話が聞けず騒がしい実態は相変わらずであった。それどころか、ひどい実態は次々と明らかになっていった。

例えば、時間やチャイムを守るなどの規律が全く身についておらず、一日中休み時間のような行動をとり続けるのである。これは男子だけでなく、女子も同じであった。チャイムが鳴っても、誰一人として席に戻らないのである。給食も仕度が遅いため、食べる時間はいつも一〇分くらいしかなかった。また、二列に並ぶこともできない。「並びなさい」と一〇回言い続けても並べない。背の順の場所とは全く違った、自分の好きな所へ行ってしまうのである。

一部の子どもを注意していると、別の子どもたちが仲良しの友だちの所へ行ってしまう。私が注意すると、また別の子が……といったことの繰り返しだった。注意する私に対しての協力はなく、女子も男子もそれぞれが好き勝手にしゃべり続けていた。初めてそれなりに並べるようになったのは、それから半年後の一〇月頃だった。

❇ゲームも学級通信も通じない

まず初めに、この、お互いに関わりのない無機質な状態を何とかしようと思った。子ども同士のつながりをつくろうと。思いつくのはゲームしかない。いろんなゲームを毎日行った。この嫌な空気を吹き飛ばしてしまいたい。楽しいゲームのことなら、私の話も聞いてくれるのではないか。そんな想いだった。

同時に学級通信を配り始めた。子どもの声をここにどんどん載せていこう。そしてお互いを知り、通信を子どもたちの出会いの場にしよう。そうすれば、子どもたちもカプセルから出てこられるのではないかと考えたのだ。しかしゲームに対しては、

「はぁ、ばかじゃねーの!」

といった悪態をつき、わざと中断させたり場を乱したりする。学級通信に対しても、

「いらないー。昨日もらったやつも捨てたし！」

と批判する数名の子どもたち。やっと集団に笑顔が出てきたかと思えば、それは、マリオが笛を吹くなどの授業妨害をしたときだった。分太と朝日はニヤニヤしながらマリオと目で合図し合って、一緒に授業を妨害した。そこに数名が加わり、歌や音読のときには、わざとテンポをずらし、さらに怒鳴ったり叫んだりした。指導すると、

「チクったの誰だー！」（朝日）

「先公好きな奴、授業楽しい奴、手挙げろー！」（マリオ）

と大声で言い、クラスの雰囲気を悪くした。分太は日直の言い間違いに対して、嫌味のようにわざとランドセルを床に落とし、嫌がらせをした。

「日直さんは、先生の給食を準備してね」

と分太にお願いしても知らんぷりをした。

今まで自分が大切にしてきたことや学んできた宝は瞬時にして崩れてしまった。前年度は一年生を担任していたこともあり、子どもに対して怒鳴らない、責めない、怖い顔をしないことを心がけて実践していたのである。実際に、怒鳴ったのは一年間に二回だけだった。休み時間の度に子どもたちは私のそばに寄ってきて、嬉しそうにたわいもない話をした。自分の作品が学級通信

に載ることを心待ちにした。「先生と手をつないで帰りたい」と、お願い事を決めてめあてに取り組んだ。給食の残りのご飯でお握りをつくると、目を輝かせて喜んだ。そんな子どもたちに対して当然、大きな愛情が湧いた。

だが、そのような実践方法は通じない。話に耳を傾けない子どもたちに怒鳴ってしまう。これ以上、どんな指導をすればよいのかと、途方にくれた。どうしたら集団が変わるのか？　どうしたら暴言や悪態がなくなるのか？　自分が傷つかないのか？　ゲームも学級通信も通じない。いっそのこと、子どもたちの「わら人形」でも作ってしまえば、おとなしくなるのではないかとさえ考えた。もはや指導ではなかった。

もう、あの頃の自分はどこにもいなくなってしまった。前任校の子たちがこんな私の姿を見たら、どう思うだろうか。きっと変わり果てた姿にがっかりするだろう。あの、愛情で溢れていた気持ちは嘘だったと思うだろう。子どもたちを裏切っている気がした。「私は、あなたたちをむやみに怒鳴りつけないし、ちゃんと言い分を聞くよ。だから安心して表現していいんだよ」ということを、実践を通してあの子たちに約束してきたのである。その約束は今、泡となって消えてしまったのである。「ごめんね……」と心の中で何度も呟いた。

❇暴言・悪態は担任に対してだけ

暴言や悪態は、私に対してだけなのだろうか？　音楽や書写などは担任外の教師が担当していたのだが、様子を聞いてみると、そのときは落ち着いているようだった。私以外の教師には、ひどい悪態も暴言もない。計画的に授業を妨害しているのである。新しいタイプの学級崩壊だろうか。子どもたちの力を借りようと、

「お互いに注意し合おうね」

と繰り返し協力を求めたが、周りの子どもたちは何も言えなかった。やっと三郎が、

「マリオくん、そういうのやめよう」

と言えるようになったが、すぐにマリオが、

「はあ!?　うるせーよ、なんだお前！」

と攻撃して泣かせた。

集団の冷たさも相変わらずで、給食の準備中に醤油やソースが大量にこぼれたときにも、全員が何事もなかったかのようにその場を通り過ぎ、給食当番の子どもたちも知らんぷりした。

「一緒に拭いてくれる？」

とお願いしても、

「僕じゃありません」（寅之助）

「えー、嫌です」（翔）

と断られた。この教室で起こっていることはいったい何なのか？　学級崩壊なのだろうか？　正義も倫理も規律も信頼関係も、何もかもが崩壊していた。

一方、授業参観のときにはまるで別の集団のように変化した。マリオも朝日も、まるで存在していないかのように、静かになった。他の子どもたちも同じで、妨害も揚げ足とりもなく、おとなしくしていた。

きっと、このクラスを一年間持ち続けることは不可能だろう。担任を交代して欲しいと、教頭にこぼしたこともあった。ただ、その前にある程度、学級の状態を保護者に伝える必要があると思った。

❇マリオの家庭から届いた八項目の質問状

四月下旬に開かれた第一回目の懇談会。そこでクラスの雰囲気がよくないこと、生活習慣についての基本的なことが身についていないこと、掃除もうまくいかず、その日も掃除中にけんか（マリオと勇蔵）が起きたため、みんなで話し合いをしたことなどを話した。また、そういった話し合いを通して、失敗をお互いに学び合うきっかけにしていきたいとも伝えた。ただ、真実の十分の一程度のみ慎重に話し、授業が成り立たない学級崩壊状態であるとは言わなかった。全てを話せば、混乱を招くと思ったからである。

ところが、その翌日、とんでもなく攻撃的な手紙が、マリオの家庭から私に届くことになった。「前日の掃除中のトラブルについて、我が子を叱ったのはなぜか」「どういう意図での指導なのか」といった質問項目が八個並べられており、恐怖に震え上がってしまった。やはり、初めての懇談会でマイナスのことを伝えたのがよくなかったのである。信頼関係のないこの時期には、ふさわしくない内容であったのだ。

その後、校長と教頭と私とで、マリオの父に事実や指導の意図などを話した。実際に会って話してみると、文面よりは柔らかさが感じられた。商社マンで、出世コースを歩んでいる人だった。表情や口調が硬かった。

「我が家では子どもを躾ける際に、かなり厳しく叱っています。力で抑えることもあり、他の人から見たら虐待と言われても仕方がない」

と、マリオに暴力で訴えることもあるという事実も話してくれた。

嬉しいはずの週末は気持ちも体も重く、一日中ベッドの上で過ごすことが多かった。五月には体が動かなくなり、丸四日間ベッドとトイレの往復だけの生活をした。

その後も食欲不振、蕁麻疹《じんましん》、大量の口唇《こうしん》ヘルペスなどが続き、教員人生の危機を感じた。回復後も、家に帰ってもボーっとして、家事が手につかないことがあり、母親としての立場まで脅かされるようになった。その後、娘も蕁麻疹を発症し、精神的に不安定な時期を迎えることになった。この仕事を選んだのは私なのだから、自分が病気になるのは仕方がないと思えた。だが、幼い娘にまで苦しみを与えることになるのは、許せないことだった。

❇管理的で威圧的な学校への疑問

同時に、Ｐ小の管理的で威圧的な教育にも疑問をもつようになった。担任への攻撃は、この学校の教育が少なからず関係しているのではないか。子どもの言い分を全く聞かずに怒鳴る場面をよく見た。あるときは、私の目の前でふざけていたマリオが、高学年の先生に胸ぐらを掴まれたこともあった。

学年会では「廊下を走り、注意された子はその場で五分立つ」と決まり、一週間後には「効果があったね。一年間続けましょう」となった。主任のクラスでは「宿題忘れはおかわりなし」と決められていた。

「罰を与えてできるようになったところで、本当の成長にはならないですよね」と言うと、「手段はどうであれ、まずはやらせることが大事だから」と。

プールの自由時間にも「低学年じゃないんだから」と教師は水に入らず、上から見ている。社会科見学の目標は「走らない」。二学期には若い教師が子どもを床に引きずりながら校長室に連れて行く場面もあった。

職員室では、報告以外子どもの話題が聞こえてこない。子どもへの愛情が感じられない学校だった。子どもに対しての冷たい言葉や眼差しは、子どもをいじめているようにすら思えた。子どもが問題を起こすことが「問題」と考えられてしまい、成長過程より、初めからできることが大切なようだった。学校というより刑務所みたいだ。前任校と比べると、特にそう感じられた。愛情をベースに指導するのが教師ではないのか？「待つ」という姿勢が、もっとあってはいいのではないか？

「子どもが先生に暴言を言うのは、今まで子どもたちが担任から言われてきたからなんだ。本当はそういう教師を指導するのが、私たち管理職の仕事なんだ」という教頭からの言葉に勇気をもらった。

病休を意識したが、このまま倒れるのは悔しかった。「あの先生は叱れなかったからね。指導力不足かもね」と言われるだけだ。脅しやエサにしか反応せず、教育の通じない子どもたちを育てたのはP小だし、脅して言うことを聞かせてきた教師の方がよっぽど指導力不足ではないか。このまま倒れたところで損をするのは自分だと思った。なぜ私が教師を辞めなければならないのか？こんな理由で辞めたくはない。私が辞めるのであれば、その前に、暴力的な教師にまず辞めてもらいたい。この荒れた中で辞めるのも嫌だ。辞めるなら幸せに、満足な気持ちで辞めたい。

また、現実的にも自分が辞めてしまったら、我が家の収入はゼロになる。選択肢はなく、復活した。教師にありがちだと言われる「自分が悪い」という考えは微塵《みじん》も浮かばなかった。

❇荒れるマリオのもう一つの顔

荒れの中心になっているのがマリオだった。マリオはいつも、黒いパーカーを着て頭からフードをかぶって過ごしていた。優しい言い方をしても通じず、強く指導するとキレる。ときには教室から飛び出し、校舎の中や外を逃げ回る。窓から身を乗り出したり、校舎の壁づたいに軒先へ逃げ、「死んでやるー！」と私を脅かした。また、次々と友だちの首をしめ、注意した友だちにも「チッ、死ね」と暴言を吐いた。

授業中は立ち歩き、朝日などの好きな友だちのそばに行き、一緒にザリガニの世話をする。トイレや掃除用具入れに閉じこもる。電気を消し、黒板に「死ね」などと落書きをし、授業の邪魔をする。ザリガニを追いかけ、天井近くの窓枠に、朝日と一緒に登る。体育には参加せず、リレーの走者に突進していく。体育館の授業では二階に行ったまま戻らないなど、好き放題であった。

また、ザリガニや蛙を二階の窓から放り投げる。死んだザリガニを朝日とちぎって教室に放置するなど、怖いこともあった。水槽を取りに、自宅へ帰ることもあった。そして何かのきっかけで怒りが爆発し、通り魔のように近くにいる子に襲いかかった。私に対しては、睨み付けたり舌打ちをしたりと、強い威嚇行動をしてきた。

まず、授業を妨害されることに困った。P小には組織としての助け合いのシステムはできていて、「グリーンカード」というものがあった。緊急事態の場合、その「グリーンカード」を子どもに持たせると、職員室にいる教師が対応しに来てくれるものだった。マリオの授業妨害や悪態がひどいときに、この「グリーンカード」を使った。

すると、すぐに他の教師が教室へ来てくれるのだが、マリオを力ずくで押さえ、引きずるようにして校長室へと連れて行く。頭から黒いフードをかぶり、まるで逮捕されるかのような姿で、連れられて行く。この、力任せの指導は、マリオにとっていいものとは思えなくなった。初めはいい気味だと思ったが、何度か続くと、気の毒に感じるようになった。

というのもマリオは去年一年間、ほとんど一人ぼっちで過ごしていたのだ。学力は高く、学習面でも手はかからなかったようだ。ザリガニを引き出しの中で飼い、友だちともほとんど関わらない。同じ学年のI先生によると、

「三月に、親のお金を盗んでトラブルになるまでは、マリオの顔も名前も知らなかった。見かけるとだいたい、一人で窓の外をじっと眺めていた」という。

ひたすら感情を押し殺して過ごしてきたマリオが「死ね。消えろ」と繰り返すのは、管理と威圧に対してではないだろうか。マリオの暴言に、私もP小への怒りを重ね合わせ、「そうだ、そうだ」と共感するようになったのである。

初めてのお楽しみ会のときは、「こんな会、ぶっつぶせー！」と椅子を振り回し、その後、校内へ逃げて参加できなかった。社会科見学の日は「和夫と同じ二号車がいい」と泣いてグズリ、見送りのため、その場にいた教頭に引っ張られて何とかバスに乗った。頭からフードをかぶり、また何かの事件の犯人のような姿になってしまった。楽しい日にこんなことになり、とても気の毒だったし、マリオが握り締めたお菓子を見てよけい切なくなった。きっと前日、お母さんが楽しい社会科見学への思いを込めて買ったものに違いなかった。

一方、学年の教師は、「アイツ、面倒くせーな」「どんどん孤立して一人ぼっちになればいいんだ」といった反応だった。

❇かみ合わない両親との面談

ひどく荒れているのは校内で私のクラスだけだった。管理職や教務、学年の教師は、荒れの事実を知ると、時どき教室をのぞきに来てくれた。学年からはこんな提案が出された。三人の教師が週に一時間ずつ、私のクラスに入って授業をする。私はその分、週に三時間、他クラスの授業をもつ。

せっかくの提案だが、引き受けることができなかった。自分のクラスだけで精いっぱいなのに、他の三クラスの授業までみるのは負担が大きい。また、そんな時間があるなら自分のクラスで過ごし、子どもとの信頼関係を築きたかった。

また当時、マリオが学校一荒れていたため、教頭が、「月に一度面談をしましょう」と提案し、二学期までは毎月マリオの家庭と担任との面談が続いた。

家庭でのマリオはというと、妹や弟の面倒を良く見る、いいお兄さんなのである。マリオのことについて困っていることがないため、学校での様子を伝えても、共感し合えることがなかった。両親にしてみれば、マリオは一度叱ればわかるといった感覚のようで、荒れ続ける学校でのマリオの姿は、我が子として映っていないようだった。

面談には父と母が交代で来ていたが、父の方がマリオへの子育てについては熱心に考えているようだった。母は役員の仕事でよく学校に来ていたので、ぜひ教室をのぞいて欲しいと、私から何度もお願いしたのだが、結局一度も見には来なかった。

他の保護者はというと、荒れについての苦情は一つもなかった。クラスが崩壊していることは知らない様子だった。マリオへの苦情は、何件かあった。マリオが荒れていることは知られていたので、マリオだけの問題と思っている人が多かったのかもしれない。

❇荒れの中でできること

正平と三郎へのいじめや嫌がらせが始まった。マリオと朝日が授業中に、

「先生、三郎くんが文句を言ってまーす！」

「正平くんが、トイレに行きたいそうです」

と、ありもしないことを言ってからかった。

マリオは、次々と友だちの首を絞め、すれ違いざまに「死ね」と言った。マリオに意地悪をされた寅之助は、正平をいじめ、タイ子を泣かせた。女子同士の嫌がらせ。同じ日にマリオが暴れ、朝日など近くにいた男子を次々と殴って泣かせた。突然、里子が不登校になった。一つのことが解決しないまま、一日に複数のことが起こり、何もない日はなかった。

からかいは、だいたい授業中で、私の目の前で起きたため、その場で「いじめはやめなさい」と注意した。マリオの首絞めや「死ね」といった暴言は休み時間に起きた。話を聞くとだいたいいつも、やったことを認めたが、謝れなかった。

「正平、マリオの代わりに先生が謝るっていうのでもいいかな？」と断り、

「首を絞めてごめんね」

と、マリオの代わりに謝った。

一方、クラス集団であるが、私に対しての批判も多かった。ふりかけおにぎりをつくるような話をすると、「先生、そんなことしていいと思ってるんですか？」と分太。遠足で、「おかずを交換しよう」と言うと、「先生、おかずを交換するって、何かみっともないし、下品」と三郎。ちょっ

とした私の行動に「はぁ?」と里子と鯉太郎。下の名前やあだ名で呼ぶと、子どもから注意される。私に対しての管理的な姿勢を感じた。私の冗談に対して反応もなく、おどけた行動や優しさは批判の対象になった。嫌がらせや、私への冷たい反応も、P小の歪んだ教育のせいだと自分に言い聞かせた。

自分が元気でいる間に、できることは何でもやろうと思い、文句を言われても四月から行っていたゲームをそのまま続けた。子ども同士をつなぎ、シラケた雰囲気より楽しい雰囲気になるようにと。また、子ども同士を出会わせたい。マリオだって本当は、そんなに怖い人間ではないと分かってもらいたい、そんな一心だった。

「人間コピー」「色当て」「どじょうニョロニョロ」「コインはどこだ」「人間間違い探し」「ゴリラが来たぞ」「世界一周」「アンパンマンじゃんけん」など。初めは批判していた子どもたちだが、五月の終わり頃には「やったー」と喜ぶようになった。

嫌がられた「先生の昔話」も、帰りの会でよくリクエストされるようになった。子どもの頃、習い事が嫌で押入れに隠れた話。長女だからと理不尽な理由で怒られ、車の中に家出した話。両親が喧嘩して怯えた日のこと。友だちにも話したことがなかったことも話した。いいことはその場で褒めたり、廊下に呼んで褒めたり、電話で褒めたりした。初めは嫌な顔をしていた分太の表情も柔らかくなった。何も言えなかった子どもたちもお互いに注意し、私に知らせてくれるようになった。その度に、「勇気があるよね。ありがとう。とっても嬉しいよ」と伝えた。

通信でも紹介し、「いいと思うことはどんどんやろうね」と繰り返し言った。そして学級内クラブ（後述）。子どもたちは喜んで参加し、分太も「また来週もやりたいな」と、初めて批判以外の言葉を言った。班長会ではクラスでのいじめや暴言などを心から心配し、聡や柚子など、自分の意見を言える子がいることが分かった。班長会の効果は二、三日ほどだったが、このときだけは一人じゃないと思えた。

❇学級内クラブとトトロカード

四月の終わり頃から、学級内クラブを始めていた。三人以上集まれば成立し、リーダーと活動する曜日や約束ごとなどを決める。リーダーに断れば自由に入ったり抜けたりしてよい。ただし三人以下になった場合、そのクラブは解散する。分太たちはすぐにサッカークラブを作り、ザリガニが大好きなマリオは、朝日と一緒に生き物クラブを作った。それまで許されてこなかったためか、生き物クラブはすぐに人気となり、沢山の子どもたちがそのクラブに入った。

マリオとは、トトロカードを始めた。頑張りたいことを一緒に決め、できた日はトトロカードを一枚渡す。一〇枚たまったらお願い事を叶える。めあては「暴言を言わないで、優しく言う」で、お願い事は「朝日の後ろの席に座る」に決まった。

分太など他の子も次々と始めた。また、毎朝日直がめあてを決め、取り組んだ。帰りの会で反省会をし、全班できたらマル八個。一〇〇個になったらお祝い会をする。

一方、お願い事が終わっても、マリオが元の席に戻らなくなった。私が隙を見て机を戻すのだが、また朝日の側に行ってしまう。それを一日に何度か無言で繰り返した。トトロカードも私の机から勝手に盗む。

また、生き物クラブのマリオが掃除中に近くの川に入ってザリガニを捕まえたり、休み時間が終わっても朝日と授業に戻らなかったりしたため、学年の先生からは生き物クラブを批判された。

「まだ続けるんですか」

「四年生がザリガニを飼うなんて幼い。ザリガニが嫌いな子だっているんだから！　観察してまとめるならいいけど……」

別の学年の教師からも、

「近くの川のザリガニが絶滅してしまう！」

マリオが元の席に戻らないことにも、

「一度甘い蜜を吸わせちゃったら、元に戻すのは難しいよ」

と嫌味。私は、

「（マリオだけでなく）みんなは成長したい、変わりたいと思って一生懸命トトロカードに取り組んでいるんです」

「正平のような友だちづくりが苦手な子にとっては、クラブがとっても役に立ってるんです」

などと答えた。トラブルの後の話し合いも、批判の対象となった。

「どうすればよかったと思う？　という投げかけはダメ。これはダメと厳しく教えないと」

「トラブルを、みんなの学びにしたい」

と話したが、平行線のまま。マリオの成長をみんなで認める行為も、「特別支援学級の子どもにだったらいいけど」と批判的。生活指導は受け入れられなかったが、この子たちを救えるのは生活指導しかないと、私は思っていた。

また、楽しそうにザリガニの世話をする生き物クラブの子どもたちと合わなかったのか、マリオや朝日はザリガニクラブを新しく作り、自分たちの自由にできるクラブへと独立してしまった。

❇「このこと、家に連絡しないで」

六月に入り、柚子が自分のめあてを頑張り、トトロカードを一〇枚ためた。お願い事は「クラスみんなでドッジボール大会をしたい」。三郎や鯉太郎と共にチームやトーナメントを作った。みんなが楽しめるように、ルールも考えていた。当日は大成功。マリオはザリガニを頭に乗せながらも楽しく参加していた。分太はチームメイトにボールを譲っていた。

その後、マルも一〇〇個、二〇〇個とたまり、その度に水鉄砲遊びや、「逃走中」などをした。いつの間にか翔と分太は力になってくれることが増え、マリオは少しずつ素直になった。分太は日直になると、私の分の給食も準備するようになった。

「チクればいいだろ！　別に困んねーし！」

などといつも強がっていたマリオが、

「このこと、家に連絡しないで」

と本音を言った。日記にも、「前、〇〇先生に胸を掴まれて嫌でした。先生、今度は見ていないで『暴力はやめましょう』と言ってください」と書いた。荒れは、要求することを知らない子どもたちが、想いを文句や攻撃で表そうとしていただけなのかもしれない。

❇二学期も困難の連続

二学期に入り、マリオと朝日は席に着き、教科書なども開いて勉強することが増えたが、授業中は常に笑いのネタを探しては茶化す。戦争を題材にした「一つの花」も、笑いのネタにされた。それにつられて笑う男子と女子。魂が抜けたかのようにいつもボーっとしていた寅之助も、ふざけるときだけは目を輝かせていた。お楽しみ会やお誕生日会も楽しく行えるものの、バカにした態度はなかなかなくならず、いつもがっかりしたものになった。

同時にそれまで見えていなかった問題が、明らかになった。一つ目は、係の仕事を言われないとやらないことだった。配り係などほとんどの係が、機能しなかった。指示されなければ仕事をしないので、いろいろなことで困った。例えば係が配ることになっている宿題なども配られないことが多い。子どもたちは、音読カードが配られないと、音読の宿題をしないのである。

宿題については、本当に苦労した。三五人学級で、多いときは二〇人くらい宿題を忘れる。少なくて七、八人。配られてもやらないのだが、宿題を配られないと、さらにやらなくなってしまうのである。

また、給食当番は配膳はやるが、片付けなどで手を抜く。例えば、食缶などはワゴン内の元の場所に置いて返すのだが、場所がまるでぐちゃぐちゃなのである。ストローなどのゴミも散乱しているが、決して拾わない。

二つ目はチャイム席をしたり、並んだりといった基本的なことが相変わらずできない。「並びましょう」と言っても、聞こえていないかのように素通りしてしまう。教室の後ろに、やっと二列に並んだかと思うと、廊下に出たとたんに五列へ変化する。

遠足や校外学習のような、外へ出かける授業では、本当に苦労した。目的地までは、もちろん並んで歩いて行くのだが、列を守って並んでいるのは私のすぐ後ろを歩く二人のみで、あとは好きな二人組や三人組などになって自由に歩くのである。また、前の人との間も詰めずに自由なペースで歩くため、私のいる先頭から後ろまで、一〇〇メートルは離れてしまっている状態であった。

三つ目は床が汚いこと。ゴミをわざと床に捨て、床に墨がついても知らん振りをする。マリオは牛乳や野菜などを床に撒《ま》くこともあったし、朝日や分太たちもよくパンを丸めて投げたりしていた。

四つ目は、指導に対して反発し、嫌な顔をすること。

五つ目は、気味の悪い笑いが起こること。私が真剣に話している最中でもマリオが茶化し、それを見た一〇人以上が笑い、小雪も泣くほど笑った。また、新たに大介が注意に対してふてくされ、一郎が指導に対して突っかかったり間違いを正当化して、私を傷つけた。

❇トラブルと話し合い

いつまでもマリオを怖がっていては、集団もマリオも変われない。マリオと子どもたちが対等な関係をつくれたら、マリオも成長できるはず。マリオなりのキレるわけや、本当は違ったんだというマリオへの理解を、みんなの学びにしたいと考えた。

一二月の初め。トイレ掃除の時間にマリオがキレて三郎を攻撃し、三郎が食べた物を吐いた。側にいた子どもたちに状況を聞いた。

「俺、もう水拭き終わった」とごまかす三郎に対して、マリオが「ちゃんと水拭きやれ」と注意した。それでもごまかし続ける三郎に、マリオが「三郎デブ、バカ～♪」と歌を作った。あまりにもしつこいので、三郎が掃除場所のトイレから飛び出した。マリオが「反省会も終わってねーだろ！」と追いかけたが、三郎はそのまま逃げた。（三郎がマリオを押した。）マリオが三郎の体を壁に叩きつけ、お腹を打った三郎が吐いたとのことだった。

私「じゃあ、こんなことにならないためには、どうすればよかった？」

大介「三郎くんが、時間をかけて水拭きすればよかったと思います」

直哉「三郎くんが逃げなければよかった」

分太「三郎くんが、ホースを巻いてないで掃除をすればよかった」

私「そうだよね。じゃあ、変わったほうがいいのは三郎くんだけ？　マリオくんは？　みんなから言ってもらうことで、マリオくんだって助かるんだよ。今日のようなことを繰り返していっていいの？」

聡「マリオくんは、何回も優しく言ったほうがよかった」

友美「三郎くんに嫌な歌を歌ったのがよくない。三郎くんに押されたからって、やり返すのもよくない」

のり子「何で押すのって、口で言えばよかった」

柚子「でも、マリオくんだって三郎くんに押されなければやり返すこともなかったんだから、マリオくんに問題はないと思います」

私「マリオくんはどうすればよかった？　今、どう思ってる？」

マリオ「……」

私「三郎くんは？　どう思う？」

三郎「……」（泣きながら、首を横に振る）

私「じゃあ、マリオくんが暴力したときに見てた人は？　次もそのまま見てる？」

翔「だって、怖い」

私「そうだよね。じゃあ、一人では止められないだろうけど、二、三人で止めるのは？」

「それならできる！」と、友美や愛、翔など沢山の子が手を挙げた。

私「わあ、心強いなあ。私も嬉しいけど、マリオくんにとっても、すごくありがたいことなんだよ」

マリオに気を遣っている子どもたちと、マリオをかばい正当化してしまう柚子にがっかりした。でもこういうことを繰り返していけば、マリオへの誤解も解けてくるはずだと気を取り直した。わけもなくキレているのではなく、マリオにも怒る原因があるのである。

その後、この話し合いはマリオやマリオの父、学年主任からの批判の対象となった。私は、「トラブルをクラス全体の学びにしたい」とマリオの父と学年主任に伝え、マリオには、「みんなに言ってもらって、マリオが助かることもあるんだよ」と話した。

だが結局、話し合いで発言した者がマリオからの攻撃の対象になってしまうため、子どもたちは自由に発言できなくなった。さらにマリオがトラブルを起こさなくなったこともあり、話し合いはだんだんと消えていった。

❇マリオの変化

マリオの担任への攻撃やキレることが少なくなった。タッチごっこクラブに一緒に入り、鬼に追いかけられても、タッチされてもキレずに、遊べるようになった。秋が過ぎて生き物クラブは解散し、プリンや聡が新しくタッチごっこクラブを作ったのだ。表情が暗く、何かとマリオをかばっていた柚子は教室のドアに黒板消しを挟むいたずらを、マリオと一緒にやり喜んでいた。聡も柚子も、時にマリオに嫌がらせをされるのだが、それでもマリオの側にいた。

個人面談では、聡の家からはクレームが来るだろうと思っていたのだが、反対に、「マリオくんのおかげで、放課後、大勢の友だちと遊べるようになった。うちの子は、マリオくんのことが大好きなんですよ」と言うので、

「えっ。どこが好きなんですか？」と聞くと、

「（嫌なことをされても）それ以上に、マリオくんに良いところがあるんでしょうね」

この言葉に、私は自分を恥じるとともに目頭が熱くなった。マリオの好いところを忘れてしまっていたのだ。今どきこんな人がいるものなのか。自分が失っていたものを、聡のお母さんに教えられたように感じた。聡も柚子も、みんなから信頼され、優等生のようであったが、彼らなりに自信のないこともあったのだ。

マリオは、ズルやわがままを通すこともあるが、話を聞けば言い分を言ったり、相手に謝れるようになった。以前は話を聞こうにも、教室を出て行ったり、威嚇《いかく》したりで話にならず、どうにもならなかったのだ。「放課後、来てね」と言えば素直に従うので、個別に対応でき、とても助かった。お誕生日会でも、鯉太郎に折り紙でカメラを作ってプレゼントし、楽しいイベントにも参加できるようになった。

さらに、席替えではマリオが中心となって、みんなに意見を聞いたり指示を出した。「おめーら、バカか!?」など言葉はきついが、みんなのうるささにくたびれたのか席替えが終わった後は机に伏せてバテていたのが面白かった。

一方、一人になった正平を気遣い、「正平くんも、入れてあげて」と声をかけていたのに驚いた。その後のお楽しみ会と誕生日会でも司会に立候補し、「暴言を言わないで楽しい会にしよう」など

とめあてを決め、自身もそのめあてを守った。少しずつ暴言も減り、みんなが静かにするのを待つ姿も見られた。

今までの荒れは、自由に感情を表現することを知らずに育ったマリオに、Ｐ小の管理教育がさらなる拍車をかけたことが原因ではないだろうか。気持ちを押し殺し、殻に閉じこもり続けたマリオが、感情を爆発させ、でも次第に感情のコントロールの仕方を覚えていったように感じた。聡、遼など、甘えさせてくれる友人を見つけ、愛や柚子などのマリオを理解してくれる友人ができ、関わりを持つ中で、人間らしくなっていったのではないだろうか。

ただ、自分の家族に関することは、最後まで口を閉ざしたままだった。マリオが父にどのくらい頻繁に叩かれているのかも、最後まで見えなかった。

また、マリオの成長を認めたり、マリオの味方になってくれる教師が少なかった。主任は、最後まで「アイツ全く変わってねーな。陰で悪さばっかりしている」と、一度もマリオを認めようとはしなかった。

また、クラスが落ち着いたと同時に、私と子どもたちとの距離感がより浮き彫りになってしまった。なかなか寄り付かないのである。それは何よりも寂しく、辛いことであった。

（手記の中に登場する子どもたちは全員仮名です。）

孤独とのたたかいだった一年

花城 詩《うた》

二月に入り、マリオは時どきどこにいるのか分からないくらいおとなしく過ごすようになった。奇声を発することはなくなり、朝日などに怒鳴って注意することもなくなった。

授業にも進んで参加した。表情がとても明るく、笑顔が多かった。ただ、すれ違いざまに正平に「死ね」とつぶやいたり、わざと肩にぶつかったりと、陰での嫌がらせが目立った。注意した私にも「決めつけんなよ」と逆ギレするなど、課題も残っていた。

一方、クラス全体としては授業中に茶化すような行動はなく、落ち着いて授業ができた。また、終了式の前日には最後の「お祝い会」(めあてを達成できたお祝い)で、亜美、柚子、友美などが中心となって「逃走中」ができた。そして桃子、友美、エリカたちが「四年Q組ミニ卒業式をやりたいから、時間をください。トトロカードも一〇枚あるから使います」と言っていた会を、最後の日に開いた。私が頼んだ、音楽や書写など担任外の先生への感謝の言葉も、プログラムの途中に入れてもらった。

「お世話になった先生に感謝し、四年Q組の卒業をみんなでお祝いしよう」というめあての元、ゲームをしたり、一人ひとりに賞状を配ったりと、あたたかい会になった。

クラスのために力を出して、すすんで行事を開いた三人に感謝の気持ちでいっぱいだった。シラケた態度の多かった亜美や、口答えが多かった友美もそういった態度がなくなり、三月の中頃からはよく私の側に来てなつくようになったのも嬉しかった。やっと、子どもとの距離が縮まったようだった。

また、最後の日の下校の前に、私のところに挨拶に来た子どもたちが七人くらいいた。保護者からのお礼や挨拶などの連絡帳が一冊も届かなかった終了式の日は初めてだったが、子どもたちはちゃんと親を超えていたのだ。それだけで十分ではないか。

振り返ってみると、P小のことを何も知らない私がこの学年を担任することが決まったとき、誰一人として意見を言ったり、実態を教えてくれる人がいなかった。同時に荒れたクラスの中で攻撃されている私に対して、誰一人として助けてくれる子どもはいなかった。この二つの出来事は果たして、全く無関係であると言えるのだろうか？

P小の暴力に疑問を持ち合える仲間や学級指導に困っている教師とつながれないこともま

た、自分を孤独にさせた。

私自身は、三学期になっても気持ちは沈んだままだった。疲労とストレスが身体に重くのしかかり、病休や年休で何日も仕事を休んだ。週末は最低限の買い物以外は外にも出ず、引きこもりのようになった。体がだるく、家事など何をするにも時間がかかり、鬱になってしまうのではないかと感じた。

さらに娘もインフルエンザで学校を休んだのをきっかけに、その後一週間登校をしぶった。母親の役割を十分に果たせないこと、その役割を脅かされる現実、家に帰っても決して休まることのない日々。それはまるで戦争のようだった。

分析座談会

学級が荒れた時、教師はどうしたらいい？

――花城実践から見えてくること・学ぶこと

編集部　この章ではまず冒頭、花城先生のレポート、困難な学級の一年間を紹介させていただきましたが、その記録を受けて、ここでは、生活指導の分野でベテランの齋藤修先生、篠崎純子先生に加わっていただき、この記録から見えてくるもの、この記録から学ぶことについて、話し合いをしていただくことにしました。

出席者

〔レポート〕
※花城　詩《うた》（公立小学校教諭）
〔分析〕
※齋藤　修（千葉県公立小学校教諭）
※篠崎純子（神奈川県公立小学校教諭）

いったいなぜこの学級は荒れたのか、子どもたちの荒れの背景に何があるのか、こうした困難に遭遇した時、教師は何ができるのか、どうしたらよかったのか――。こうしたらよかったのではないか、こんなことも出来たのではないか等々、花城先生の一年間を振り返っていただく中で、そこから指導上の様々な〝教訓〟を引き出していただけるのではないかと思います。まず最初、花城先生の方から、新学期、子どもたちと初めて出会った一週間はどんな様子だったのか、手記を補足する形になりますが、お話しいただけたらと思います。

子どもが教師を試験観察する

花城　新学期の第一日目は体育館で担任発表があって、子どもたちは教室に戻りますよね。そこでまず自己紹介をしました。「お花の「は」、菜の花の「な」……花城です」。子どもたちは何となく聞いていたと思いますし、手品もやってあげて、喜んでいたと思うんです。ところが次の日の予定とか、私が伝えないと子どもたちが困ると思うことになると、全く聞こうとしない。席には着いていたと思うんですが、勝手におしゃべりしている。明日からどうなるんだろうという不安は感じました。

それで、原稿には「一週間ほど経った頃」と書いたんですが、実際には初日から一週間までの間、徐々に徐々にマリオを中心に分太とかが、私が怖いと思うような発言とか、行動を取り始めたんです。

マリオの場合、威嚇する、にらむ、揚げ足をとる、舌打ちをする。「どうしたの?」と言うと、じーっとにらんで「あっち行け！」とか、「死ね」「邪魔だ」、気づいたら同時にクラスも荒れていたというか……。

この学年は前年、荒れた学年だったと言うんですが、荒れたのは四クラスのうち一クラスで、それも新任の先生が持ったので、たまたま学級崩壊したというのが学年の先生たちの認識なんです。まして、その荒れがマリオのことを指しているわけではなく、原稿にも書きましたが、三年生の時のマリオはザリガニだけが友達で、教室を飛び出して逃げたりということはあったようですが、三月まではほぼひとりぼっちだったということです。

学級は四年生で新しく編成し直したクラスで、マリオを担任していた先生は異動して今はいません。「大物はない、学力面、生活面では手がかかる」というのが、このクラスに対しての申し送りでした。

齋藤　大変な学級を持って、よくここまで一年間持ちこたえましたね。学級が荒れる中でもめげずにゲームをやったり、学級内クラブをつくったり、トトロカードで子どもたちを励ましたり、次から次にあれもやってみよう、これもやってみよう、いろんな新しい取り組みを学級の中に持ち込みながら、子どもたちの心をつかもうとしている。実践者のしたたかさというか、これまでの先生の教師としての誠実さ、それがあってこその実践だと思いました。

篠崎　本当にそうですね。花城先生にとっては異動して初めて持った学級、それも前年から荒れた学年だったということが後になってわかる。しかも学校は管理で子どもをしばっていて、荒れているのは花城先生の学級だけ。こんなふうに荒れるのには必ずわけがあるはずだと思いつつ、そのきびしい中で、あきらめずに次から次にいろんなことをやっていく。自分はベッドから起きられない状況なのに、希望を捨てないでやっていったというのは本当にすごいことだと思いました。

齋藤　ここでは花城先生の実践を読ませていただきつつ、こうした困難に遭遇した時、教師としてどうしたらよいのか、何ができるのか、といったことを引き出してもらいたいというのがねらいなのですが、僕たち二人も花城先生と同じく、現場で迷ったり悩んだりしている教師です。学びになるような分析ができるかどうか自信はありませんが、ここは先生もいっしょに考えていっていただけたらと思います。

そこでまず、新学期の一週間ですが、この一週間というのは、我々もクラスを持つとすごく気をつかう期間なんですよ。子どもたちが試験観察する。教師を試すんですね。特にわんぱく坊主とか、元気な子どもというのは、教師にちょっかいを出しながら、微妙に距離感を計りながら、どんな教師か見極めようとするんです。

その試験観察の一週間の中で、前の担任に比べて突っ込めるなというか、甘えられる教師だという印象を子どもたちが受けたのではないかという気がするんですが、どうですか？　強い注意もそんなにはしなかったですよね。

花城　そうですね。強い注意はしませんでした。

齋藤　試験観察の一週間の中で、子どもたちにとって合格する教師か、それともこの教師、ダメだなあと不信感を持たれるか、最初の一週間の出会いは大きいなあというのを、いつも子どもたちを持ちながら感じるんです。

先生の場合、その上、異動して来たばかりですよね。新しい学校に来たということで、他の先生方のまなざしも感じますよね。全校で並ぶ時など、自分のクラスが並んでないと気になって、子どもに対するまなざしがどうしても注意、注意、注意、注意、言葉の繰り返しになってしまう。荒れるもう一つの要因は、教師の言葉が多くなるということです。出来ないからまた言葉で注意する、言葉で支配しようとする。

そうではなく、この一週間の中でいかに「楽しい先生なんだよ」ということを子どもたちにメッセージしていくか。先生の場合、手品で入っていったということですが、そういうことがうんと大事だと思います。教師の遊び心が試されていると思うのです。

篠崎　その指摘、私も全く同感です。新学期、新しいクラスを持って最初の一週間というのはお互いの見合い時期なんですね。お見合いをしている。教師もどんな子かな、去年までどんな学級だったのかな、どんな家庭で育ったのかなって知りたいし、子どももどこまで許してくれる教師なのか、なにを大切にしている教師なのか巧妙に試すんですよね。

そんな中で、管理的な教師に対しては、地雷を踏んだら怖いから黙って従う。あるいは従う振りをしながら、少しずつ少しずつ反抗の時期を伺うとか（笑）。そんな中で登場した花城さんは、明るく自己紹介をして手品までしてくれた。それは、マリオがこれまで出会ったことがないタイプの先生で、学校が押しつける正しさみたいなものを強要する先生でもないらしい。それで、舌打ちやいろんな行動で先生を試していった。でも、なんでマリオがそうするか先生にはわからなくて、とまどいが顔に出ますよね。

でも、マリオの世界で言うなら、これはいけるぞというか、これならもしかして今まで押さえられていた人間性を取り戻せるかもしれない、と思ったかどうか、というのは深読みすぎますかね（笑）。

齋藤　マリオの攻撃的な言葉を花城先生は怖いと感じた。怖いというのは顔に出るし、それは子どもにとっては「勝った」ということなんですよ。どうしてかというと、一つはこれまで非常に管理体制が強い中での三年間の生活があったということ。

これまで、子どもたちは表面上、服従しながら、しかし心のどこかで反抗心が芽生えてきていた（に違いない）。それが、先生が担任になることによって、反抗心が顔を出し始めた。四年生頃というのはちょうどそういう年ごろですよね。ちょっと生意気な口をきいてみたり。

その生意気な口の利き方や暴言をどう教師が切り返していくか。それを、おもしろく冗談で突っ込んだりしながら、子どもとの関係をつくっていけたらいいんですが、その時、怖いと感じて一歩引いてしまうと、そこに、子どもの甘えと反抗がごっちゃになったものがぶつけられたということでしょうかね。

花城　うーん、それは、とても引きました。引きましたね。

篠崎　そうでしょうね。ついこの間までは、花城先生はかわいらしい一年生が、休み時間のたびに先生のそばに寄ってきて楽しい会話を交わすあったかい毎日だったのに、それから一カ月もたたないというのに、いきなり、「死ね」「あっち へ行け」ですから。

荒れるのは担任の前でだけ

編集部　四クラスの学年団で相談し合うなどということはないのですか?

花城　相談し合うことはありました。手記にも書きましたが、五月頃だったか、学年の三クラスの先生が私のクラスに週一時間ずつ授業に入って、そのかわり私がそのクラスに入るという提案だったのですが、それはちょっと……と辞退しました。他のクラスでも、男の子たちが私に対して攻撃的なんですよ。それで、荒れてるのはうちのクラスだけじゃないんだなというのと、他のクラスに行く余裕があるなら自分のクラスにいて、少しでも子どもとの信頼関係を深めたいと思いましたから。

齋藤　その学年会は先生にとって苦しかったですか？

花城　いえ、そうは思いませんでした。特に楽しくもなかったですが。

齋藤　お互い、学級の様子を話し合う学年会ですか？

花城　問題のある行動とか、大きなトラブルがある時は情報交換がありますが、クラスの問題や悩み、困っていることなどを相談し合うということはないです。それに、学年の先生たちはマリオのことが嫌いなんですよ。一人ではとても対応できないようなトラブルもあったので、私が相談するんですが、そうすると、「また、あいつは」とか、「しようがねえな」とかいう冷たい反応で、明らかにやっかいと感じているようでした。

でも私が、一般的な荒れている学級とちょっと違うなと思うのは、朝会だとか、学年集会とかではちゃんとしている。絶対荒れないいんです。

篠崎　そこで荒れたらどんな目に遭うか知っているもんね。

花城　そうそう、そうなんです。服従ということを覚えてきていますから。

篠崎　だから担任が苦しくなっちゃう。他の先生が入るとなんでもないんですよ。「どこが荒れてるの？」って言われるんだけど、自分が入るとすごく大変なんだよね。

齋藤　そういうパターンは多いよね。担任が来たとたんに顔色が変わるとか。私も、四年生で隣のクラスが荒れてしまった時があって、見ていると、とにかくその担任の先生がいるとダメなんです。代わりにやるよ、と言って授業に入ると何でもない。ところがその先生が来ると、「来たのかよ、ババア」となってしまう。関係性の崩壊ですよね。

花城　齋藤先生にこの点についてお伺いしたいです。出会ったばかりの私との関係性は崩壊していて、前からこの学校にいる教師とは関係性が保てているという意味になりますか？

齋藤　子どもたちはこれまでの学級歴の中で培ってきた教師像とは異質な教師（怒鳴らない、ゲームをやってくれる）と出会って、どのようにつながっていったらいいか試験観察しながら探っていたのだと思います。その中には異質を排除しようとする気持ちも働いていたのかもしれませんね。四、五月は教師も子どももつながりたいのにつながれない苦しみの時期だったのだと思います。

花城　異質を排除ですか……。何となく分かるような気もします。

篠崎　大変なクラスの場合、少しでも負担を軽くしてあげようと、よくみんなが考えてくれる善意のサポートって、代わりにそのクラスに入ってあげたりすることなんですよね。それがいい場合もありますが、若い先生たちに聞くと、その善意がすごい負担に感じることがあるんですって。なぜかというと、自分が入るとそのとおりにはいかないので、自分がダメなんだと思って落ち込んでしまうからって。

私もこれまでエンカウンターで、コーディネーターとして入ることがよくあったんですが、入ると、子どもたちはルールも守って、けっこう楽しくやっていく。だから、心底善意で「こういう姿で立ち向かえば大丈夫よ」って言うつもりだったのですが、担任が来たとたんダメになるのね。それはなぜかっていうと、子どもがわざとやっているの！　それがだんだんわかってきた（笑）。つまりいじめの構造と同じところがあるかもしれない。いちばん安心出来る人、優しい人、自分を受け止めてくれそうな人に歯向かったり、暴力をふるったり、自分のいらだちをぶつけてくる。だから、いい先生に限って手痛い目に遭っている。

齋藤　花城先生の場合、先生が、先生に反抗してくる子どもを押さえられなければ、学級は正義を失うわけですよ。子どもたちは注意したら聞いてくれるという関係性、それは教師の力に支えられながらなんですが、その中で安心して過ごすことができる。ところが、教室の中にその関係性＝正義が失われると、子ども同士注意しなくなるし、相互批判が出来なくなる。

子どもは、お互い批判し合っていくという関係性の中で学びというものが成立すると思うんですが、相互批判ができなくなると、荒れの中心にいる子どもは自己中心性から抜け出せないんですね。自分を客観視できないし、もうひとりの自分が育たないのです。

従って、相互批判がないと、子どもは自己中心性の固まりのまま、自分勝手な振る舞いを続けていくことになる。そうなると、周りの子どもたちはどこにも頼るものがないから、自分の身を守るためにカプセルの中に入らざるを得ない。おとなしい子どもほど、ますますカプセルの中にこもらざるを得なくなるという構造になっていくわけです。

「ほめる」こと、子どもと「遊ぶ」こと

編集部　齋藤先生から、「関係性の崩壊」という言葉が出されましたが、ではその関係性を回復するためにいったいどうしたらよいのかということをお聞きしたくなりますが？

齋藤　崩壊してしまった関係をどう元に戻していくのか。これはなかなかむずかしいことですが、いちばんの決め手は「ほめる」「ほめ続ける」ということではないかと思います。

出会いの一週間が大事だという話を前にしましたが、まず四月七日の始業式に何をほめるか、指導要録を見て、そこに書いてあるその子のいいところをメモして、一週間はとにかくほめる。ほめるということは「きみを見捨てないよ」「きみをだいじにするよ」というメッセージですから。特にマリオとか、クラスに影響力がある子はちょっとしたことでいいんです、「姿勢がいい」「笑顔がかわいい」「歩き方がかっこいい」（笑）とか。とにかくその一週間はほめ続けることが仕事かな。

それと、もう一つは子どもと遊ぶことです。四月、五月は陽気もいいですから、子どもと一緒

に外に出て遊ぶ。遊べばまたほめることがいっぱい出てきますよね。「ドッジボール強いね」とか。先生の場合、一週間の中でほめる余裕はありましたか？　遊ぶ余裕はどうでしたか？

花城　初日に分太をほめたことは覚えていますが、あとは多分、なかったんじゃないかな。遊ぶこともあまりなかったような気がします。

篠崎　私の友人で、大阪に新居琴さんという人がいるんですが、その彼女が「わたしが大切にしている四月の指導」という文章の中で、こんな話を紹介しています。

教室で子どもたちが静かに座っていたら「静かでびっくりした」、騒がしく走り回っていたら「元気やな」「やる気あるんやな」。とにかく子どもたちが静かにしていようが騒いでいようが肯定的に評価する。いろんなケースを想定して多様なほめ言葉を用意しておくんだそうです。

そしてもう一つは、仕事をいっぱい用意しておく。例えば名札を貼ったり、ものを持ったり、運んだりする労働。その中でほめることがいっぱい出てくるじゃないですか。黙っているけれど、ひたすら働いてくれる子どもとか、やろうやろうと誘いかけてくれる子どもとか。いろんな子どもも（影響力を持っている子やケアの必要な子ども）を発見するのに活動がないと見えないし、もう一つは、教師の価値観が一個ではないよっていうことも発信できる。

さらに新居先生の場合、トラブルを起こすことがわかっている子には、早い時期に援助しながら、仕事をさせて成功させ、ほめる電話を入れるんだそうです。そうすると、今までは学校からの電話に謝ってばかりいた保護者も悪い気がしない。そういうふうにして子どもとも保護者ともつながりをつくっていくのだということを書いています。

齋藤　そうですね。まずは一週間の中で初期活動をたくさんつくり出して、子どもをほめる材料をつくる。この点は、花城先生の記録にも、五月以降でしょうか、「いいことはその場で褒めたり、廊下に呼んで褒めたり、電話で褒めたりした」とありますが。

あと、思い切って目標を下げるということも時に必要でしょうね。例えば、二列に並ぶというのをはじめから一〇〇パーセント出来なくていい。「五人並べたらいいよ」、それで五人並んだら「すごい！」とほめる。「今日は七人だよ」、七人並べたら、その並べたことに評価の目を向けていく。

もちろん、そういう時は教師も（きちんと並ばせなければいけないという）学校の管理的なまなざしとたたかわなくてはならないんです。子どもを守るという立場で、多少〝ダメ教師〟と言われてもそこは腹をくくる、腹をくくるしかないんですね、子どものためには。そして思い切って子どもの世界に入ってみる。そこでマリオとつながる何かが見つかるかもしれないし、実際、揚げ足をとったり、暴言を吐くような子どももほど先生に関心があるわけですから。

マリオについては教師に対する甘えをすごく感じます。揚げ足をとるということは関わって欲しいというメッセージですから。返す言葉も「つまんねえ」と言ったら、「ごめんね、つまんなくて」、「うるせえ」と言ったら、「あなたはいま反抗期ですか？」とか。子どもの挑発にのらないように、言葉を返してあげる。

教師の遊び心が子どもとの距離を縮める

篠崎　言葉の返し方も、いくつか用意しておかなくてはならないですね。『ねえ！　聞かせて、パニックのわけを』（高文研刊）という本の中に、「くそばばあ」と言われたらどうやって答えるか、講座をやったサークルの話が載っていて、そういう時は、「誰に口きいてるの」とかの直球勝負はやめて、「よかったあ、くそじじいじゃなくて」とか、そんなことでは傷つかないよというメッセージを送るんだってことが紹介されています。

実際、私も経験があるんですが、「おめえなんか死んじまえ！」「おめえが悪い」と、私を蹴飛ばしながら叫んでいるんですが、その「おめえ」って、私じゃないんですよね。私に「死ね」って言ってるんではなくて、背景に何かがあって、それに向かって叫んでいる。そう思うと気が楽になるし、わけがわかるまで、まあ、何を言われてもいいかって（笑）。でも並ばないで困るなんて、齋藤さんはそんな経験ないでしょ。

齋藤　いえ、ありますよ。教師を長くやってるといろんな出会いがありますから（笑）。

篠崎　私もそれで困って、いろいろ姑息な手段を使いましたね。例えば「タイムぴたり賞」などと命名して、どのグループが決められた時間にピッタリ来るか、作戦を立てて競わせる。あるいは何歩で歩いて来るか、誰がいちばん少ない歩数で来るかとか。

あるいは三分で終わるゲームを用意する。早く来ないと終わってしまうので、遅れて来た子には、「ああ、惜しかったね、三分で終わっちゃった！」

そんなふうにありとあらゆる方法を打って打って打ちまくる。ピッタリうまくいくのは正直言ってあまりないんですが、だけど何かは出てくる。

齋藤　教師はいろいろ考えますよね。私も、掃除が早く終わったら「五分で読める怖い話」を読んであげたり。教師というのは日々子どもと接しているので、遊び心をどれだけ持っているかというのもすごく大事だと思います。例えば教室に入るのもどうやって入るとか。

篠崎　齋藤さんの場合、一週間、教室に入る入り方を全部変えるんでしたっけ？

齋藤　最初、しまっているドアのところからちょっとのぞいて、そうすると気がつく子どもがいてね。前から入って来るとみせかけて後ろからそうーっと開けて、子どもに見つからないようにして入って行ったりして、子どもたちの遊び心につき合ってあげます。

篠崎　掃除ロッカーに隠れていたというのも聞きました。

齋藤　段ボールに入っていて、始業式が終わって子どもたちが教室に帰って来たら、わーっと飛び出して子どもたちをびっくりさせるとか、柱の角に隠れてクラスの子が来たらワッと驚かすとか。眼鏡を頭にかけて、「あれっ、先生の眼鏡、どこだっけ?」なんていうのも、安心出来る先生だなということを子どもに伝えますよね。

篠崎　子どもたちは管理的指導の中で傷ついていたり、いろんなことで傷ついていますよね。だからリハビリ期間が必要なんだと思うんです。そしてこんなに傷ついていたんだというのがわかれば、教師にも余裕が出てくる。

花城先生の場合も、手記の後半では出てくるんですが、マリオがなぜこのような荒れ方をするのか、その必然性というか、背景の面で仮説が立てられたら、もう少しゆとりが出てきて、遊べたかも知れませんね。でもその遊びって、自分が楽しいことをやるんだよね。誰が楽しいんじゃない、自分が楽しいことをやる。そう思っていかないと、明日学校に行けないじゃないですか(笑)。

齋藤　なんのかの言っても相手は子どもだから、言葉だっていっぱいボケてくれる。そこに突っ込む楽しさだとか、教師の遊び心が子どもとの距離感を縮めてくれるんですよね。また管理的な学校に風穴を開けることにもなるんですね。

学級に正義を取り戻すには

花城　お二人がおっしゃることはよくわかるんですが、荒れているクラスでむずかしいのは教師のボケとか、遊び心も批判の対象にされてしまうんですよね。例えばチャイムで何歩で教室に戻るとかいうのも、わざと壊されてしまう。

齋藤　教師の目というのはどうしても荒れている子だけに向いてしまいがちで、やってることすべてがたった一人（数人）の子のために壊されていると思うとイライラするんですが、しかし学級をよく見てみると、荒れの外側にいる子どもたちはけっこう楽しんでいるということがあると思うんです。花城先生の実践でもそうじゃないですか。先生がめげずにゲームをやったり、「先生の昔話」をしたりする中で、「やったー」と喜ぶ子がいたり、先生の話をリクエストする子が出てきている。

篠崎　私はクラスの子どもたちの関係を見るためにクラス地図を描くんです。荒れたクラスの時には、まず一つ目はマリオに代表されるような荒れる子のかたまり（Aグループ）、二つ目は、荒れの外側にいて黙っている子たち（Bグループ）、そして三番目は、クラスを引っ張って行けるリーダーグループ（Cグループ）。この中で黙っている子たち（Bグループ）がどう声をあげられるようになるか、嫌なことはいやと言えたり、つらいよって言えたり、このグループが声をあげられないと学級に正義を取り戻せないと思うんです。そこを教師がどう援助していけるのかというのがカギかなと思います。

花城先生の場合、後半になると、それがどんどん出来ているのですが、最初のうちはAグループに目が奪われ、なんで私の優しさが通じないんだろうといったような迷いの中で、自分が敗れてしまう感覚に陥った可能性はないでしょうか。

そしてBグループに対しても「マリオをどう見ているか」とか、「マリオにやられてどうだった」といった子どもの発言があまりない。先生も語ってないし、語る余裕がなかったのかな。

花城　そうですね。初期は出来なかったです。特にマリオに対しては……。

篠崎　そのへんはいろいろな方法があると思うんですが、私も何度か荒れたクラスを持って苦しんだことがあって、その時、どうしたかというと、まずCグループのガキ大将的リーダーの中から「ケンカ止め隊」というのをつくったんです。ケンカが起きたら止めに入るという役割です。それも何秒で押さえ込めるかオーディションをやって。しかしそれも限界があって、荒れる子どもを押さえることができない。

じゃ、どうしたらいいか。第二弾の作戦は「ピーポー隊」。ケンカになったら誰でもいいから大人を連れて来る。花城先生の学校はグリーンカードというのがあるけど、うちの学校はそういうのがないから、廊下をピーポーピーポーと走って、職員室から誰かを連れて来る。声をかけられた先生はいやがらず、うちのクラスに来てくれるという約束を取り付けてあるんです。これはCグループですね。

で、そういう中で良かったのは、「いやし隊」というのが出来たことです。この「いやし隊」というのは、ケンカやいじめの前に立ちはだかることは出来ないけれど、殴られたりした子をそっと気遣ってあげるBグループの子たちです。きっかけはある時、ベランダのところでノブちゃんて子が、としおくんにこう言ってるのを聞いたんです。

「ねえねえ、さっきげんちゃんに蹴られたけど、止めてあげられなくてごめんね」

そうしたら、としおくんが、

「いいよいいよ、そんなことしたら、ノブちゃんだってやられちゃうから」

これってすごくやさしい関係じゃないですか。それで私を入れて三人で「いやし隊」という秘密の学級内クラブをつくったんですが、秘密のはずがどんどん広がって学級の世論みたいになっていった。

そういう状況を背景にケンカの再現タイムというのをやったら、最初、報復を恐れてみんな口をつぐんでいた中から、なんとこの子たちが証言したんです。弱い子が強い子に向かって、相互批判ができた場面です。証言した子どもたちがいじめられたかというとそうではなく、証言してあげた友達から、「そうだよ。見てくれてたんだ」と守ってもらえたんです。

学級が荒れると、どうしても荒れるグループ（A）の方に目がいっちゃうんだけれど、実は荒れの外側にいて黙っている子どもたちも本当は何とかしたいと思っていたり、止められない自分に苦しんだりしている。そういう子たちをどう援助していくかということが大事ですよね。

でもこの点は、花城先生の実践でも、「トラブルと話し合い」のところで「いつまでもマリオを怖がっていては、集団もマリオも変われない。マリオと子どもたちが対等な関係がつくれたら、マリオも成長できるはず」（136頁～）ということで、相互批判を期待してクラスで話し合いをする場面がありますが、この部分のねらいはまさにそういうことですよね。

で一方、荒れの中心にいる子（Aグループ）にもケアが必要だと思うんです。私は、彼を活躍させる場面をつくりました。なぜなら影響力があるんですから。それは「並ばせ係」。まず大声チャンピオン大会を開いて優勝、副賞が「並ばせ係」。でもそんなことを言ってもやるわけがないので、出来ると得するということを用意する。それは、みんなを四回並ばせることができたら、校長先生の許可を得た上で、好きな場所に五分間だけ行って遊べる。行き先はアスレチックの裏だったり、いぼ蛙のいる池だったり（注・詳しくは『ねえ！　聞かせて、パニックのわけを』参照。篠崎純子・村瀬ゆい著／高文研）。

その子の持つ力の悪いところだけを直そうとするのでなく、使い方を正しくすればみんなのためになるよ、というのを見つけていく。まずそこを最初の応急処置みたいにして乗り切っていくというのをやっていました。

「ザリガニ」が子ども同士をつなぐ

編集部　マリオという子は暴力的でクラスの中で一定の勢力というか、影響力を持っている子なんですね。

花城　そうです。体は標準体型で、勉強は良くできる子です。

齋藤　言葉は怖いんだよね。しかしそのマリオに対して、花城先生は生き物クラブをつくって、マリオの興味関心のある部分でつながっていこうとした。そして学級の子どもたちとも、その生き物クラブでつながりを広げていこうとしている。その実践の方向は正しいですよね。学級の中に文化を創っていくというのはとても大事で、文化が子どもたちをつないでくれます。

そして荒れて大変な中でも先生はゲームを続けていって、そのことを通して先生に心を向ける子どもたちが出てきている。

花城　ゲームは最初の頃からやっていきました。授業が成立しないので、何とか楽しいことをして、子どもたちの心をつかみたかったし、それでちょっとずつルールも覚えていくだろうし、遠回りではあるけれど、授業を成立させるためにはそれが近道かなと。

ザリガニについては、この学校ではザリガニを飼うなんてことはあり得ないことなんです。「なに、ザリガニなんか飼って」というのが先生たちの反応ですから。

篠崎　でもこの年頃って、ザリガニなんか飼うよね。

齋藤　飼いたがりますね。

花城　いやがられるのは、理由があって、うちのクラスは二階なんです。下の階の先生は二階から牛乳が降ってきたりするから、しょっちゅううちのクラスに抗議に来られて、子どもたちがザリガニを飼っていることも知っている。ザリガニが絶滅するからよくないとか、マリオが掃除の時間、勝手に近くの川に行ってザリガニをとった時も「いつになったらその生き物クラブはなくなるんですか」と嫌な顔をされる。

でもマリオがザリガニを持っていることで周りの子たちは「わーっ」と喜ぶんです。それはマリオからしたらうれしい。そこにザリガニの水槽があるだけで、人だかりが出来るんです。それは一つ、マリオの心を開かせる点かな、という思いはありました。

齋藤　私は、ザリガニというのはかなり重要な存在で、この実践の象徴のような気がして注目しました。確かに他クラスの先生たちからすれば、ザリガニを二階の窓から投げたり、首をちぎって捨てたりするから、止めさせたい。ある意味で当然だよね、被害をこうむっているんだから。

それなのに、先生は、他の先生たちから抗議を受けても、マリオたちの生き物クラブを守ろうとした、それはなぜ？

花城　学級内クラブについては、マリオを配慮してというより、崩壊しているクラスだから、このクラスに対して何かしら出来ることをやっていこう、ということがありました。正平のような孤立しがちな子どもも自由に入ったり抜けたり出来るクラブなら安心して過ごせるだろうし、マリオもクラブを通してルールを守れるようになるんじゃないかということがありました。それ以外の子も楽しい活動を通して心のトゲがなくなっていけばいいなあと。そして何より、この崩壊クラスからクラブをなくしたら、地獄しか残らないと思っていましたから。

篠崎　そこが、花城さんが子どもたちの目線に立っているいい部分ですよね。子どもたちもそこはよくわかっていると思う。そしてマリオも花城さんが自分たちの要求をかなえてくれる先生だというのはわかったと思う。

ただここで必要なのはルールですよね。みんなが幸せになるルール。ゲームでもそうですが、ただ楽しく遊べばいいというのでなく、そのゲームを通して何を子どもたちに獲得させていくのか。学級内クラブについても、子どもたちが楽しいだけでなく、そこから発展させてみんなで環境問題を考えるとか、クラスの自治をつくっていくとか。

花城　そうですね。ルールはつくりました。休み時間、水槽は教室の後ろにおいておくとか、授業中は世話しないとか。ただ、そこに行き着くまでは時間がかかりましたが。

「ザリガニ」で広げられる学び

篠崎　ザリガニって、きっと嫌いな子もいるでしょ?
齋藤　先生は好き? 触ってみて、とか言って、先生のところに持って来なかった?
花城　持って来ました。一番怖ろしかったのは、給食を安心して食べられないことです。というのは、マリオの班で食べると、給食の時間も机の上にザリガニがいるから。いつ私のスープにザリガニが入ってくるかと心配で。
篠崎　怖がると、よけいやるよね。でも先生と同じ思いをしている子はクラスの中にいるはずだから、そこはルールをつくる。「何とかしてくれない!」というのは、話し合いの素材になるよね。「怖い」とか、「首だけあるのは哀しいよ」とか、ザリガニをめぐって、子どもたちのそれぞれの思いが出てくるんじゃないでしょうか。
でもクラスの中にはザリガニを飼いたいという要求があるんだから、どこを我慢して、どこまでならOKなのか。イヤだという子には「ザリガニいいやカード」を貼ってその子たちには嫌がることはしないとか（笑）。そういうルールをつくれば、ザリガニが好きな子と嫌いな子が共存していける。さらには、他クラスから文句を言われないためには、どうしたらいいかということも話し合えたらいいよね。

齋藤　「生き物クラブをまだ続けるんですか」というのを花城先生一人で受け止めるのでなく、「こんなこと言われたんだけど、どうする?」って、子どもと一緒に、学級の課題として話し合えたらよかったですね。そこでみんなで話し合って、「うちのクラスとしては、こういうことを決めたから認めてください」と、他の学級にアピールに行くとか。そんなことができると、学級を批判してくるクラスや教師に対して、担任と子どもがともに手を組む横並びの関係になれる。

あるいは、環境問題で考えるなら、ザリガニがどんなところに生きていたのか、生息環境を調べて、捕獲した水槽の中で同じような環境をつくるにはどうしたらいいか、みんなで取り組んでみるとか。

篠崎　それが学びになっていきますね。

花城　結局、ザリガニについては、とりすぎるといなくなってしまうので、水槽に入れるのは一〇匹くらいということで、一週間飼って、その後は逃がすということになりました。

篠崎　ここの部分はルールもつくって、マリオの生きる世界を広げ、子ども同士をつないでいったという点で、実践的にとてもよかったと思います。マリオの生きる場所もできたわけですからね。

齋藤　それと、先生自身が学校的なものに縛られたまなざしから、子どものまなざしに変わっていく場面でもあるよね。

トトロカードのねらい

篠崎　マリオとは、トトロカードを始めたんですよね。それは学級会で決めたんですか？

花城　いいえ、私がマリオにこういうのをやってみないって声をかけました。でも内緒でやるのは変だし、誰かが「マリオだけずるい」とか言って、「じゃ、頑張りたいという目標がある人、今の自分を変えたいと思っている人は誰でもできるよ」ということで、分太など他の子たちも次々始めました。

篠崎　他の子どもたちに広げていったのはとてもよかったと思います。「今の自分を変えたい」と思っている子がたくさんいたんですね。「楽しい」が基本、子どもの元気の元！　それにしてもマリオの目標はすごいんだよね。

花城　「暴言を言わないで、やさしく言う」でした。

篠崎　それはマリオが自分できめたんですか？

花城　いいえ、私が、こんなのはどう？と持ちかけたと思います。で、帰りの反省会で「今日は暴言を言わなかったです」って。それも時に嘘ついたり（笑）。

篠崎　このトトロカードの目的は、個人が何かいいことをしたからご褒美という意味もありますが、もう少し深いねらいもあって、例えば、マリオが昨日までは友達に平気で暴言を吐いていたけれど、今日は暴言を吐かなかった。それは、○○ちゃんがこんな場面でマリオに優しく注意してくれたからだとか——。それをすることで、こういうことができたよ、クラスとしてこう高まっていったよという、クラスのドラマができていくじゃないですか。

齋藤　個人の目標がどう集団とつながっていったか、どう集団につなげていくかということですね。例えば、誰ちゃんがよくなったおかげで、クラスがこんなふうに変わったというと、子どもたちのクラス認識が広がっていきますよね。そうすると、こんなこともしてみよう、あんなこともやってみたらと、クラス認識を持ったリーダーが少しずつ育っていくと思うんです。

ところが今の子どもたちって、集団認識が非常に狭い。特に高学年になればなるほど、女の子グループに象徴されるように小さなグループで固まっていく。それをどう学級という意識に広げていくのか。さらには、学校、世界という認識に広げてあげなければいけないんだけれど……。特に、中学年の子どもたちには学級という認識を持たせていきたいんですね。トトロカードのねらいもそんなところにあると思うんです。

篠崎　誰ちゃんのおかげって、子ども同士で評価されるというのは子どもにとっていちばんの喜びですよね。先生にほめられるのも嬉しいんだけど、それとはまた違う。だからここで、マリオがこういうことができたのは誰かの力があったからとか、みんなの力があったからとか、そういうドラマができたらよかったですね。ここは一つの瀬戸際だから。

齋藤　ここはマリオの気持ちが教師に向いてきたところですからね。

篠崎　そんなこといやだって、マリオが言えばこの取り組みは成立しないんだもん。それに、マリオはトトロカードを盗むじゃないですか。かわいいよね。マリオの中に「荒れる自分」と「変わりたい自分」がいて、大きく揺れている。変わろうとするんだけれど、ダメになって、でもやっぱり変わりたい。こんな時、「マリオのやったこと、先生はどう思ってると思う？　当ててみて？」なんて聞いてみたら、みんなはどう答えたかな？　聞いてみたいところですね。

齋藤　そんなふうに返してあげたら、子どもたちのマリオ理解も進んだかもしれないですね。

花城　そうですね。それは私に足りなかった部分です。個人と集団を結ぶということが。

齋藤　しかし六月に入って、柚子がトトロカードを一〇枚ためて「クラスみんなでドッジボール大会をしたい」と提案する。みんなが楽しめるルールも決めて、当日は大成功。マリオもザリガニを頭に乗せて楽しく参加したという場面は、個人の評価が集団の活動をつくり出し、子ども同士をつないでいった場面だと思います。

学校で見せる顔、家庭で見せる顔

篠崎　もう一点、私が気になっているのはマリオの寂しさみたいな部分です。お父さんは出世コースを歩んでいる人で、家ではマリオに暴力で訴えることもある。ということは、マリオは家に帰ってもありのままの自分ではいられないわけですよね。そのお父さんが、先生がわが子を叱ったのはなぜかというので、八項目の質問をぶつけてきた。

花城　はい、その手紙をもらった時、怖ろしくてなりませんでした。「我が子を叱ったのはなぜか」とか、「どういう意図での指導なのか」とか。でも会ってみたら、表情は硬いけど、とても穏やかな方で、本当にあのような攻撃的な文章を書いた人と同一なのかと疑問に思いました。お父さんは、私がその手紙をもらってどんなに傷ついたかというのは、全く気がつかなかったと思います。トラブルに対しては一生懸命受け止めてくれる方で、マリオが起こした問題については、殴ってでも決着をつけようという気持ちが強かったような気がします。

篠崎　親もがんばって子育てしている。自己責任論や成果主義の中で孤軍奮闘していると考えると、マリオのご両親もある意味、追い立てられてしまったのかもしれません。失敗したくないから。

子どもに対しては、言い訳は許さない、例外も許さない、正しいことは正しいんだからという感じを受けるんですが、そういう生き方って、学校と同じですよね。何かもうちょっとマリオに対してはあたたかいものがほしい気がしますが…。マリオもは家では「よい子」でがんばっていたんですよね。

花城　お利口です。弟と妹の面倒をよくみて、家ではいいお兄ちゃんです。ですから、私の目の前のマリオとご両親が見るマリオは全く別。その後、二学期まで、教頭の提案で、マリオの家庭と月一回面談を続け、お父さんも交替で来てくれていたのですが、いくら話を重ねても、同じ気持ちで手を取り合っていくということができませんでした。

齋藤　子どもって、学校と家庭では同じでないよね。多くの子どもは学校でいい子であって、家では暴れたり反抗したりして、それでバランスを保っている。学校でいい子に対しては、「お家でどうですか?」と聞いて、「もう私に逆らって……」という返事が返ってくると逆に安心したりする。

お家でいい子というのは何人も持ったけど、家でいい子にしつけられている分、学校に来ると「ざけんなよ」「うっせえなあ」の世界で生きている。それで自分を保っているというか、バランスをとっている。そうしないと生きられないんでしょうね。

そして、大変な子どもほど、その子が吐き出す激しい言葉の裏に寂しさが隠されている。「なんでオレばっかり怒るんだよー」とか、「俺なんか、やってもできねえんだよー」とか。そういう叫びの中で、彼らの本音に出会えるというか、そういう言葉に出会えた時に、彼らとの出会い直しができるんですよね。

「なぜ」にこだわる教師でありたい

篠崎　トラブルには必ずわけがあって、こんな悪いことをやってまでもみんなに伝えたい、わかってもらいたいことがあるということなんですよね。そのことをわかってあげないと、形は変わってもトラブルは繰り返す。それをどうするかというところで、管理的に押さえつける指導をやったら、どんどん強い指導にエスカレートしていく以外ない。そうなったらどっちかが爆発するか、共倒れになるかしかないですよね。あるいは次の担任にそのしわよせがいくとか。

齋藤　問題は必ず起きるんです、子どもを持っていれば。そういう時に「なぜ」にこだわるか、「どうする」にこだわるかということだと思うんですが、僕らは「なぜ」にこだわる教師でありたい。「どうする」にこだわると、管理指導に走らざるを得ないんです。

花城　うちの学校は「なぜ」にこだわってはいけないらしいんです。

篠崎　どうしてなんだろうね。特例を認めてはいけない。「なぜ」を認めたら甘い教師になってしまうから？　幅を持たせるみたいなことは許さないということなんでしょうね。でもこの学校にも、家庭的な問題を抱えた子もいるでしょう。低学力の子もいるでしょう。発達障害の子もいるに違いないのに、そういう子たちはどうやって耐えているんでしょうね。

花城　たいていは服従ということを覚えています。もうそこに入りこんでいて、問題を起こさない、というより、問題を起こせない。放課後の手伝いなんかにしても、子どもたちはびくびくしちゃうんですよ。一度水鉄砲大会をやった時なんですが、「バケツが足りないから、図工室から持っておいで」と言ったんですね。そうしたら、コソコソ隠れるようにして持ってきて「先生、大変だったあ」って言うんです。バケツ一つ借りてくるにもそんな感じなんで、頼んだ私が悪かったなって思ったことがありました。職員全体が管理的な印象なんです。

篠崎　花城先生がレポートで、「マリオが『死ね』『消えろ』と繰り返すのは、管理と威圧に対してではないだろうか」と書かれていましたが、「管理と威圧」でこわいと思うのは、そういう指導をされ続けると、抵抗することはおろか、人としての感情や考える力、人と関わる力が奪われてしまうということです。花城先生が子どもたちと最後まで一緒に悩んだり、困ったりする気持ちを共有し合えなくて辛かったということも、その元はこの「管理と威圧」というところにあったのではないかなと、私は感じています。

あともう一点、レポートの最後に「P小の暴力に疑問を持ち合える仲間や学級指導に困っている教師とつながれないことも、自分を孤独にさせた」とありますが、孤独を感じたのは花城先生だけだったのかな？　もしかしたら、口には出さないけれど、同僚の先生の中にも同じような思いやつらさを抱えていた人はいたんじゃないかなという気がするんですが、どうなんでしょう？

花城　一人いました。「すぐ怒鳴ったりして、変だよね」って。でもこういう中にいると、私もやっぱり怒鳴るようになるんです。知らず知らずそういうことが当たり前になっていく怖さがありますね。職員会議も最初は疑問に思うことを発言していたのですが、あまり疑問を持つ人がいないようで、発言してもあまり意味ないなと思うようになって……。それに来たばかりで、自分が浮いていることに気づかなかったということもありました。ただ職場のことはご指摘の通り、これからの私の課題だと思っています。

齋藤　その点については私も気になっていたところです。今、職場は年々進む多忙化の中で教師同士の対話が奪われています。多くの教師がパソコンに向かい、子どものことを話し合ったり、グチを出し合うことが少なくなってきている。放課後も教室に閉じこもって仕事をすることが多くなり、それぞれの考えがわかりにくくなっているように思われます。昔はストーブを囲んでお菓子を食べながらグチを言い合う場所があったのですが、そんな場所も今の職場から消えています。

そのような職場の中で若い人がヘルプを出すのがむずかしくなっている。もちろんベテランもです。教師も孤立化してきているのです。いずれにしても職場の同僚性をつくり出していくということが大変難しくなっていますね。

マリオの気持ちを知る

齋藤　話は戻りますが、初期の頃はなかなかマリオと対話することができなかったということですが、こういう子は放課後ちょっと残して、手伝いなんかさせながら、お菓子なども用意して、たわいもない話をするなんてことがあったらよかったかなという気もするんですが、そういうこともむずかしかったですか？

花城　マリオを特別に呼んで話をしようということは繰り返しました。最初は「いいよ、親に言ったらいいじゃん」とか、「別に全然、困んねえし」とか、ひたすら強がりを繰り返していたのですが、九月頃からやっと「先生、このことは言われたら困る」とちょっとずつ言うようになりました。

日記も一週間に一回書いて提出するんですが、一学期、マリオが体育主任に胸ぐらを掴まれた時があって、その時のことを「先生、見ていないでちゃんと助けてください」と書いてきた。その他「絶対、これは学級通信に載せないでくれ」と書いてきたこともあり、自分では出来る範囲

で対話しようと心がけてきたつもりです。

篠崎　そこのところは、前にも言いましたが、マリオは自分に注がれる花城先生のまなざしがちゃんとわかっていたと思います。社会科見学の日、トラブルを起こして教頭先生に、事件の犯人のように引っ張られてバスに乗った。その時、マリオが握りしめていたお菓子は、お母さんがきっと楽しい社会科見学のために買ってあげたものに違いないと思って切なくなったとか、あるいは友達の首を絞めて謝れないマリオに代わって、「先生が謝るっていうのでもいいかな」と聞いて、マリオの代わりに謝ってあげる場面とか。

これは推測ですが、これまで、他人に「ごめんね」って言って何一ついいことがなかったという、これまでのマリオの不信感を切り崩していったのかもしれませんね。

花城　先ほど篠崎先生が「おめえなんか死んじまえ！」という「おめえ」は自分に向けた言葉ではないんだという話をされましたが、マリオも、私に「死ね」とか、「あっちへ行け」とか、「うざい」とか言いますが、それは次第に、私に対してじゃないなというのは感じました。それは、今まで自分が傷つけられたりしたことだったり、学校の管理教育に対してだったりだと思うんです。

同時に私もこの学校にはじめて来て、教師が子どもの胸ぐらを掴んだりするのがいやだったし、許せないと思っていた、その怒っている私をマリオが励ましてくれているというか。「花城、死ね」

という言葉の裏に「あんな教師、いなくなれ」という、乱暴な教師への怒りを感じて、心の中では「そうだ、そうだ！」とマリオに共感していました。

崩壊の中でも踏ん張り切れたのは？

篠崎　そこは花城さんのすごいところですね。普通だったら苦しくて倒れてしまうところですが、三月まで頑張り抜いたというのは、一つは、自分がクラスを持って学級が崩壊したというのでない。「私のせいじゃないよ」というのと、自分の立ち位置がぶれない。管理的指導に対して許せない自分、それは、表現の仕方はまるで違うけれど、マリオもまた、自分と同じように苦しんでいる一人の人間として、管理指導の被害者なんだ、私がたたかわなければならないのは何なんだろうというところで、マリオの気持ちに寄り添って前向きになれる自分があったということでしょうね。

花城　うーん、そうですね。それはありましたね。

齋藤　こうやって学級が崩壊していった時に、教師を立ち直らせるものは何か、立ち直るとまでいかなくても何とか踏ん張ることができたというのは、花城さんの場合、サークルがあったからではないですか。職場の中ではグチが言えなかったわけですが、サークルでなら言える。そこでいろいろ相談できる集団を持っていたというのは大きいと思います。僕なんか、それにずいぶん助けられましたから。

花城　そうですね。サークルではだいたいこの話はしてきました。あとは、これまでも実践の中では自分らしくやってこられたんだし、目の前の子どもたちも人間なんだから話せばわかるじゃないかという気持ちはずっとありました。

もし、齋藤先生や篠崎先生のように子どもの味方になってくれる先生ばかりの職場でこの状況に陥っていたら、その方が苦しかったと思います。学級の荒れを管理教育のせいにできず、自分を責めることになっていたでしょうから。生活指導なんか認めない、子どもの意見なんか聞かないという学校でしたから、それに対する怒りが逆にエネルギーになったような気がします。辞めるんだったらこんな学校で辞めたくない。辞めるならいい学校で自分の教師生活を終わりにしたいと思いました。

主任なんか、最後の最後までマリオの変化を認めませんでしたし、話し合いも、子どもたちに何が正しくて、何が間違っているか、考えさせるなどというのはいいやり方ではない。正しいものは正しい、間違っているものは間違っていると教えるべきだと言うんです。

話し合いをする時必要なこと

篠崎　今、私、それを聞いてちょっとドキッとしました。私もはじめて学年主任になった時、学年をまとめたかったし、荒れては困るのでビシバシ先生方に言っていたかもしれません。今思うと、自由を認める度量がありませんでした。私自身も管理に縛られていたのだと思います。

でも、今は言えます。話し合いをするのは、なぜそれが正しいか、なぜそれが間違っているか、そのわけをみんなで共有するためであって、その結果、導き出した決定が間違っていたら、再び話し合いで変えていけばいいと。それがお互い幸せに生きて行こうという人間の知恵というものではないでしょうか。

しかし、その話し合いというのがなかなかむずかしくて、例えば、花城先生もトイレ掃除で起きたケンカをめぐって、クラスでの話し合いをしますよね。相互批判を期待していたはずが、子どもたちはマリオに気遣って発言しないと、花城先生は書いていますが、先生は話し合いの前に、班長会とか、班会議みたいなことをしていますか？

花城　この時はやっていません。最初、班長会もしていたんですが、なかなか効果が期待できないので。

篠崎　私は、話し合いの時にはできるだけ時間をとって班会議や班長会を開きます。こんな考え、誰も支持してくれそうもないなと思うと、言うことをやめてしまうけど、誰か一人くらい賛成してくれるかなという安心感があると、ものが言える。それにどんな考えがあるんだろうということを知ったり、あるいは、A案、B案、C案と示して、みんなはどの結論に落ち着くのを望んでいるのかなとか、または、こんな言い方をするとわかってもらえそうという練習になったりもしますから。

マリオの気持ちをもう一つつかめなかったというのも、もしかしたら、マリオのことをクラスのみんながどう思っているんだろうということをリサーチできなかったことも一つの要因かなあという気がします。

花城　たしかに小さい集団で話し合わせたら、子どもたちも自由に言い合えたと思うし、クラスでの話し合いも突然やるのでなく、班長会などで事前に話し合いができていたら、マリオの子分的な子どもたちももうちょっと思いを言えたかなという気がします。この点は、私に足りなかったところだと思います。

あと「なぜ」と問うのもそうです。さっきバケツの話をしましたが、バケツ一個借りて来るのも子どもたちは怒られると思ったと思うんです。「何でバケツなんか持っていくんだ！」って。子どもの思いを言語化するというのは、自分ではやったつもりでいたのですが、まだまだ足りなかったですね。この点も、次の実践につなげていきたいと思います。

「大変な子ども」が教師を鍛えてくれる

齋藤　私もつい最近、重い課題を抱えた子どもを持ったんです。その子（M男）は校舎中に響き渡るように「ウォー」という奇声を発する。そのたびに授業が中断する。しかも三校時あたりから徘徊《はいかい》をはじめ、隣の女の子に抱きついていく。この子以外にも毎日一〇人以上の子が抱きつかれたり、頭をたたかれたりする。私が一番悩んだのは、授業中の奇声で、一、二年生の時いっしょだった子たちは「平気、もう慣れている」と言うんですが、私やはじめての子どもたちは大変で、耳をふさぐ子どもまでいる。

そんな中、私を助けてくれる「お助け隊チーム」を結成し（最初四人、のちに七人）、校内の先生たちの応援も仰ぎながら、この子が少しでも他の子どもたちと関われるようにという取り組みをしていったのですが（『生活指導』二〇一一年四月号「M男と子どもたちのつながりを求めて」明治図書）この時、私は座骨神経痛になったんですよ。もう、痛くてね。体に異変も起きるし、心身ともに本当に大変なんで。しかし、こういう子どもとか、こういう学級と出会いながら教師は教師になっていくんだなあと思いました。

この子たちが、「先生、オレをどうしてくれるんだ」「オレを何とかしてくれる教師になってよ」という無言のメッセージで教師を鍛えてくれるんだなあと。

でもその大変な中から学ばなければならないんだよね。花城先生はこうしてレポートしながら、この中から学ぶことによって、教師としてまた一つステップアップしていく。この子たちの目線によって、先生はこれから教師として生きる力をつけていくんだろうなと思いました。

荒れたクラスが誇りを持っていくには

篠崎　私も最後に一つだけ言っていいですか。花城先生の実践を聞いて、もう一つこれができたらいいな、と思ったのは、外に発信するということです。特に荒れたクラスの場合、そのクラスが学校の中で認められていく、その荒れたクラスが誇りを持っていくには、誰かから評価されることが大切だと思うんです。

例えば、私の場合、四年生のクラスだったのですが、一年生のところに出かけて行くのね。自分たちだけだと給食の時間なんか牛乳パックを足でパンパン踏んで、床なんかぐちゃぐちゃにしてるんだけど、一年生のところに行くと、すっかりいいお兄ちゃんで、子どもたちに牛乳パックをたたむのを教えてあげたり、「何でこうやるの?」と一年生が言うと、「だってこうやると、早く給食が片づいてたくさん遊べるよ」なんて、結構いいことを言っている。

自分の中に悪い自分もいるんだけど、よくなりたい自分もいる。評価されることで、人は自分の生きる意味を再認識すると思うんです。それは発達障害の子も同じだし、字を書けない子なんかも同じなんです。何か、誰かの役に立つという活動を組む、それは教師にできることですよね。ですから、荒れたクラスならなおさら、そのクラスのいいところを発信していく、目に見える肯定感を意図的に組んでいかないと管理指導に負けてしまうと思うんです。

この時、私はもう一つ、学校中でいちばんみんなが注目する広い掲示板をもらって、そこに毎週子どもたちの絵を貼っていったんです。そうすると、学校にはきょうだいもいるし、前の学年で担任だった先生なんかも「上手だねえ」「絵が破かれないだけでもすごい」とか言って見てくれる。

それ以外にも保育園に行って、紙芝居クラブが紙芝居をやるとか、ダンスクラブがダンスを披露するとか。そういう形で、自分を表現する場所をつくってあげると、「荒れているけど、やさしいとこがあるじゃん」とか、「本番にはつよいんだね」とか。そうやっていろいろな人からの評価をもらうことが心を育てていくのではないでしょうか。

ということで、思いつくままにいろいろしゃべらせていただきましたが、今回、学ばせていただいたのは却って私たちの方かもしれません。花城先生の手記の最後に、「三学期になっても気持ちは沈んだままで……それはまるで戦争のようだった」とありますが、先生に受け持たれた子どもたちはきっとこの一年を忘れないと思います。そして、それは必ずどこかで花開いていくと思います。がんばった自分に「ごほうび」をあげて、新学期からはまた新しい気持ちで出発してほしいと思います。

編集部　長時間の話し合い、本当にありがとうございました。花城先生には貴重な記録をこのような形で〝たたき台〟にさせていただいて大変心苦しいのですが、でも〝たたき台〟になってくださったおかげで、この本を手にしてくださる読者の方々も含め、子どものとらえ方、対応の仕方、指導上のさまざまな教訓を学びとることができたと思います。

また、齋藤先生、篠崎先生には長い経験の中からご自分の実践を総動員して「明日から役立つ」具体的な手だてまでお話しいただきました。これはきっと、これから教壇に立たれる若い先生たちにも参考にしていただけるものと思います。

三人の先生、本当にありがとうございました。

あとがき

三月一一日、東北・関東地方に大地震が起こりました。地震・津波の深刻な被害と予断を許さない原発災害が今なお続いています。地震のあった日から、被災地の子どもたちのことがずっと気にかかっていました。そんなある日、「攻撃的な子　心に傷」というタイトルの、次のような記事が目にとまりました。

《ボランティアの若者たちが子どもたちのいる避難所を訪ねると、返ってきた反応は「殴る、蹴る、暴言を吐く」等の攻撃的な言動だった。低学年の女児たちが「靴を履いたまま」ボランティアの男子高校生の「すねを強く蹴り上げる」。「痛いよ、やめて」と言っても止まらず、「首を絞め」「ズボンを引っ張」る。サッカーボールを渡すと「ぶっ殺す！」と叫ぶ。「かみつく」。「子どもたちはもう、全身ストレスの塊」だった》と（「朝日新聞」4月25日付）。

記事を読みながら被災した子どもたちの〝荒れ〟が、同時に、「学級崩壊」の中で表出される子どもたちの言動となんと似ていることだろうと思いました。被災地の子どもたちの暴力は、震災の強いストレス（悲しみや痛み、やり場のない憤りなど）と狭い避難所の中で自然と触れ合うこともなく、遊ぶスペースもない、我慢ばかり強いられる中で生まれています。ボランティアの青年たちと遊び始めて二週間ほど経ってからぐんと暴力が減ったとありました。

　もちろん震災とは状況が違いますが、いま日本の子どもたちは、「子どもらしく生きる場」を奪われ、「納得のいく人生を送ること」ができていません。子どもらしい遊びや逸脱を許されず、時間や空間も管理され、消費や欲望の文化に取り込まれ、厳しい生存競争に打ち勝つために「学校支配」の枠組みに取り込まれています。どの子もぬぐい去ることのできないストレスを抱えているのです。彼らが人間として生きていくためには、自己を取り巻く硬い壁から抜け出すことのできる小さな水路を見つけるしかありません。やさしく人間的な眼差しの流れる〝すき間〟を見つけあふれ出し、いのちの原点に戻るかのように激しく身もだえしながら「荒れて」いるのかもしれません。攻撃的な言動を許すわけにはいきませんが、彼らの背後にある人間らしい願いは聴き取ってあげたいと思います。

　この本は「学級崩壊」という重いテーマを扱っていますが、どの章からも教育と子どもたちへの熱い思いやしなやかな子ども観、指導観が伝わってきます。困難は希望に変わり、再び子どもの待つ教室に向かってみようと、そんな勇気が湧いてくる本です。多くのみなさんに読んで頂けたらと願っています。

二〇一一年五月

山﨑　隆夫

吉益敏文（よします・としふみ）
1952年京都市生まれ。京都府公立小学校教諭。教育科学研究会副委員長。関西・京都教育科学研究会事務局長。臨床教育学会会員・日本作文の会・どの子も伸びる研究会・地域民主教育全国交流研究会会員。著書に『子ども、親、教師すてきなハーモニー』（かもがわ出版）他。

山﨑隆夫（やまざき・たかお）
1950年静岡県生まれ。元東京都公立小学校教諭。現在、都留文科大学非常勤講師。教育科学研究会常任委員。学びをつくる会、日本臨床教育学会会員。主な著書に『希望を生みだす教室』（旬報社）『パニックの子、閉じこもる子達の居場所づくり』（学陽書房）『なぜ小学生が荒れるのか』（共著、太郎次郎社）

花城　詩（はなしろ・うた）
公立小学校教諭。教師歴８年。全国生活指導研究協議会会員。

齋藤　修（さいとう・おさむ）
千葉県公立小学校教諭。全国生活指導研究協議会常任委員。共著書に『教師を拒否する子、友達と遊べない子』（高文研）『荒れる小学生をどうするか』（大月書店）『学級集団づくりの基礎・基本』（千葉全生研）

篠崎純子（しのざき・じゅんこ）
神奈川県公立小学校教諭。通常級、支援学級、通級学級などを担当。全国生活指導研究協議会常任委員。特別支援教育士。臨床発達心理士。共著書に『がちゃがちゃクラスをガラーッと変える』『ねえ！聞かせて、パニックのわけを』（高文研）他。

学級崩壊
荒れる子どもは何を求めているのか

●二〇一一年 六 月二〇日──────第一刷発行
●二〇一二年 八 月 一 日──────第二刷発行

著　者／吉益敏文、山﨑隆夫
花城　詩、齋藤　修、篠崎純子

発行所／株式会社 高文研
東京都千代田区猿楽町二－一－八
三恵ビル（〒一〇一－〇〇六四）
電話　03－3295－3415
振替　00160－6－18956
http://www.koubunken.co.jp

組版／株式会社Web D（ウェブ・ディー）

印刷・製本／モリモト印刷株式会社

★万一、乱丁・落丁があったときは、送料当方負担でお取りかえいたします。

ISBN978-4-87498-459-8　C0037